BECOME A MONEY MASTER!

お金に強くなる!

ハンディ版

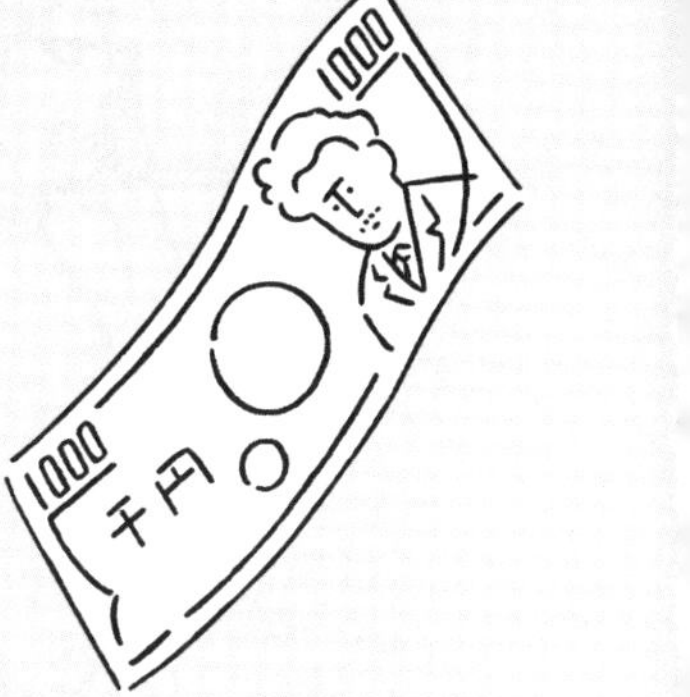

山崎元 経済評論家

Discover

お金の素人は専門家に相談すべき?編
RRR…

RRR…

ハイ、もしもし○山ですが…

もしもし!私、○△銀行の○川と申しますがお客様の資産運用にぴったりのお話がありまして…

はぁ、資産運用ねえ…

ガチャン!

ええ、考えておきます。それじゃ
はあ…やっぱりお金のことは素人にはムズカシイわ…

専門家に聞いた方がいいのかしら?
○×銀行
専門家って言ったらやっぱり銀行なのかしらねえ…
いつもお世話になってるし
お出かけですか
おや お隣の
ええちょっと銀行へ。相談でね
ピクッ
相談?銀行にですか?
なんか メガネが 光りました?
え、えええ…

お金が不安な○山さん。さて、どうする?↓

お金の相談は誰にする?

銀行、証券会社、保険会社、ファイナンシャル・プランナーは、基本的に自分たちが儲けるために活動しています。彼らの活動目的は、お客様に親切にするためではありません。

特に、こちらの懐具合を知っている銀行に相談しに行くのは、赤ずきんちゃんがオオカミに道案内してもらうようなもの。非常に危険な行為であることを理解してください。

お金は「自分が理解できている方法」で着実に運用していくのが基本。まずは自分で知識を身につける努力をしましょう。それでも誰かに相談したいなら、金融機関と利害関係のない人にしましょう。

↓47ページ

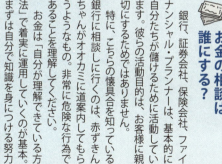

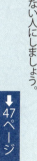

年金は破たんするの?
編
居酒屋
やまざき
やきとり
ワイ
ワイ
ワイ
いやー お疲れ!
カンパーイ!!
お疲れー!
はあ~ しっかし給料全然上がらないよな~
ほんとだよなー。オレんとこもダメだわ~
B雄　27歳・会社員
A太　27歳・会社員
へい、らっしゃい!!
ヤア大将!
少子化
ぐ~~
また少子化のニュースだぞ
少子化か~… 国もアテにならんなァ…
となると、年金ってやっぱりマズいのかな…

えっ、今少し減るって言いました？⬇

年金は不平等。でも破たんはしない

残念ながら、年金制度は不平等です。現在の年金受給者は、支払った保険料よりも多くの年金を受給しています。一方、現役世代はたくさんの保険料を支払っているのに少しの年金しか受け取ることができないでしょう。

とはいえ、「年金制度が将来、破たんする」という考えは極端です。正確に表現すると、「年金は破たんはしないけれど、縮小していく」となります。

イメージとしては、現在の年金受給者の3分の2程度です。仮に現在の受給額が20万円なら、少なくて13万円、多くて16万円程度になります。現役時代に手取りの2～3割を貯蓄しておけば不足分を補えます。

⬇70ページ

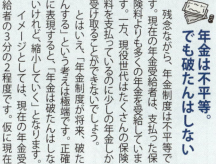

デザイナーズマンション
新築マンションか〜…
C美　35歳
独身・彼氏なし
いいでしょッ
新築マンション
シングル2,800万〜
あら？
マンション購入編
独身アラフォー女性にマンションって必要？
…というわけだったのよ〜
へえ…、マンションねえ…
通帳
…。
マジメにご自分の人生を考えていらっしゃる…
ヌッ
ギャーッ
ガタン
正直結婚とか考えられないし、自分の城があったらいいかな〜なんて…
買うのと借りるのどっちがいいのかね〜

そうなの？　先生！

独身アラフォー女性に終の棲家はまだ早い？

マジメな女性はマンション購入を考えるケースが多いのですが、あまりおすすめしません。特に独身者に不動産購入はおすすめできません。

これから結婚する可能性も、子供を産む可能性もあります。転職したら、通勤時間がどうなるかわかりません。立地も間取りもライフスタイルに応じて変えられるほうが、人生をフレキシブルに考えられるはずです。

また、不動産の購入は、自分が住む物件を不動産投資と考えて損得勘定する必要があります。ローンの問題もありますし、不動産は高額で、分散投資ができないので、リスクの面でも問題があります。

↓56ページ

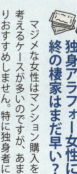

生命保険編
Wオメデタ姉妹
夫婦に
保険は必要？
エヘ
出産費用ギリギリじゃないッ!!
Wオメデタ〜
入っておいてよ!!
いや〜
ふうむ
保険に入りたいけど、デキ婚貯金なしで…
今更だけど生保ってどこがいいかしら…
妹夫婦
妻専業主婦・貯金なし
姉夫婦
共働き・結婚5年目
これまで保険に入らなかったんですね…
あっ先生!!
そんなところに!!
メエ〜ッ
メエ
新入社員は生命保険の営業のえじき
すばらしい!!
保険は、独身のサラリーマンには必要ないんですよ
まあっ
ガチャン!
ずずいっ
ところでお姉さんはお仕事は？
今は産休中なんですが…
私は専業主婦ですが…
ビシィッ
妹さんは？
だんなさん薄給でしたね

貯金のない妹夫婦のほうが入るの？その理由は？↓

生命保険が必要な唯一のケース

生命保険が唯一、必要なのは「貯金を含めた金融資産が少ない若い夫婦に子供が産まれた」ケースです。

ご主人が万が一、亡くなったりした場合に生活が立ち行かなくなりますから、落ち着くまでの資金を保険で準備しましょう。目安は扶養家族1人あたり1000万円。奥さんと子供1人なら2000万円です。

シンプルな掛け捨て保険で特約もつけなければ、月2000円～3000円程度の保険料ですみます。ある程度の金融資産ができるまで10年、長くても20年の短い期間で加入します。

ムダな保険に加入する必要はありません。

↓61ページ

はじめに

はじめまして。山崎元《やまざきはじめ》です。

私は、この本を、**「お金の心配をしない人生」を送るために役立つノウハウを、一人でも多くの読者にお届けする**ことを目指して書きました。

お金は、それを持っているだけで幸せになれるものではありませんが、お金があることで避けられる不幸は多々あります。一方、お金は足りないと生活が心配になりますし、たくさん持っているとその扱い方について心配になることがある、というなかなか厄介な性質を持っています。そして、**お金で心配しないためには、お金の「正しい扱い方」を十分理解し、納得したうえで使うことが一番の対策**です。

私は、大学を卒業後、総合商社の財務部を振り出しに、内外両資本の、証券会社・銀行・生命保険会社・投資信託会社・シンクタンクなどで、主にお金を増やす（運用する）仕事に携わってきました。こうした自分の職歴を通じて、思ったことが2つあります。

一つは、扱う金額の大きさは違っても、年金資産や投資信託など**プロの運用者がお金を運**

用するノウハウと、個人がお金を運用するノウハウは、基本的な考え方・やり方は同じだということです。

サラリーマン、主婦、学生、それに年金で生活されている方など、一般の個人の方々にもプロの世界でも十分通用する正しいお金の扱い方を知ってほしい――私は、ファンドマネジャー（資金運用者）などの仕事をしながら、年々そのような思いを強めてきました。

もう一つは、私の同業者でもある「お金のプロ」の**金融機関が、個人の顧客を相手にするビジネスのやり方に腹が立った**ということです。

銀行・証券・保険等、金融のいずれの業界にあっても、顧客に不適切なリスクを取らせたり、勘違いに誘導したり、ぶ厚すぎる手数料を取るなど、金融機関はあまりにも「あざとい！」。**金融機関の手口を広く世間に知らせることで、つまらない損をする人が減ってほしい**と思うと同時に、そのことによって金融機関自身がもっとビジネスのレベルを上げてほしいと考えるようになりました。

これらの思いから、私はこれまでにプロ向け素人向けを合わせると十数冊のお金の本を書いてきました。おかげさまで好評を博した本もありますが、一方で「山崎さんの本は、内容が正しいことはわかるけど、素人には難しいね」と言われることが何度かありました。

そこで、今回は図解をふんだんに使って、本文は「誰にでもわかるように、やさしく書く」ことを大方針として、初の試みとなる「図解本」にチャレンジすることにしました。

もっとも、「やさしく書く」と言っても、内容に妥協はしていません。お金を扱う方法、特に**お金を増やす方法（運用）については、普通の個人に必要なことをほぼすべて盛り込むことができた**と思っています。結果的に、お金の話における「山崎元のベスト盤」（CDではないけど）が出来上がりました。

お金とのつき合い方、特にお金の増やし方は、本来誰もが知っていたい生活の基礎技術です。しかし、学校ではその具体的な方法はおろか、考え方さえも教えてもらえません。また、世間には、各種の記事や書籍、セミナー、金融機関のサービスなどの形を取ったお金の情報があふれていますが、率直に言って信用できるものは少ないのが現実です。これらは、内容が時に不正確なことがあるばかりか、みなさんのお財布や銀行口座の中から手数料を引き出すための罠でさえあることがしばしばです。

とはいえ、ご心配には及びません。**「お金の正しい扱い方」は、先入観を捨てて基本を理解し、**

勘所をいくつか押さえてしまうなら、誰にでも一人で自信を持って実行可能で、一生役に立つ効率のいいノウハウです。

本書の内容は、お金の運用方法だけではなく、「働き方・稼ぎ方」や「持ち家か賃貸か」といった居住選択、「年金の将来」、さらに「銀行の使い方」、「生命保険との付き合い方（付き合わないほうがいい場合がほとんどですが）」など多岐にわたります。これを48のトピックに分けました。1トピックを2分で読めるとして、**96分（1時間36分）で、読者は一生困らないくらい「お金に強くなる！」はず**です。

読者が、お金と「爽やかに」つき合って人生を楽しまれることを強く希望します。

山崎　元

お金に強くなる！◆目次

お金は賢く使う

借金とは付き合わない

2章◆運用の実践

運用の基本

簡単運用術

確定拠出年金とNISA

3章◆運用のリテラシー・考え方

運用リテラシー

▼キーワード検索

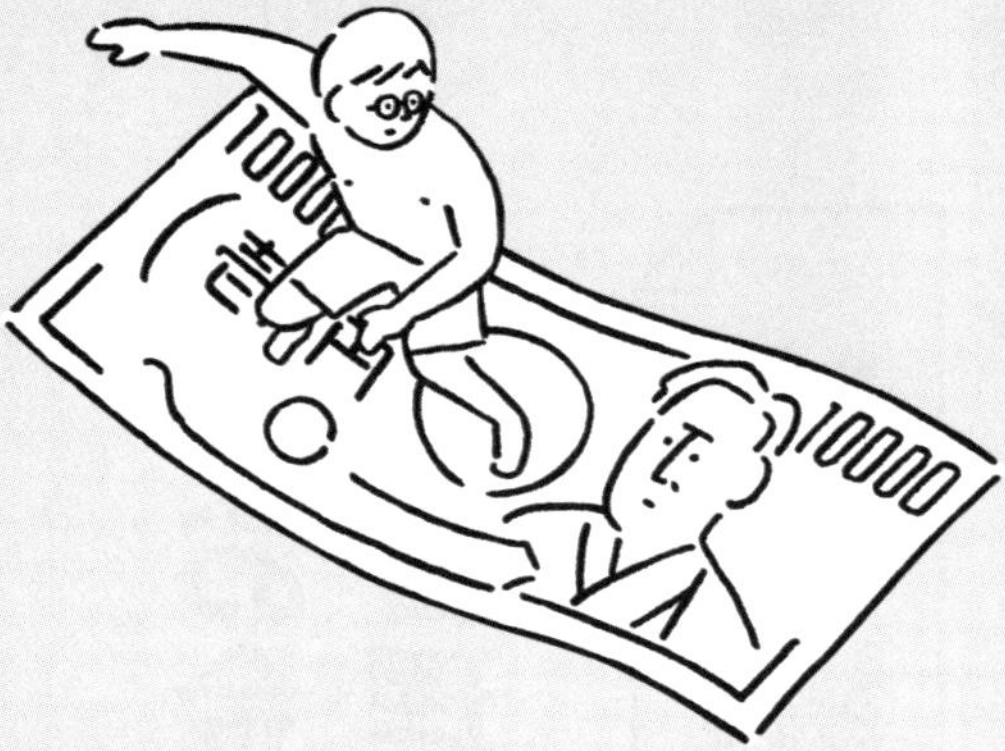

1章

お金と生活のはなし

お金はレジャーや娯楽など欲求を叶えると同時に、万が一の備えにもなります。毎日の生活はもちろん、将来にも必要なのがお金です。お金をムダにすることなく、悩むこともない生活を目指しましょう。

TOPIC 01
お金との付き合い方

お金は目的ではなく手段。合理的に付き合おう

- お金は「自由を拡大する手段」です。
- 「何用のお金」などと意味や思い入れを持たず、合理的に使いましょう。
- お金を運用することで、新たなお金を稼ぐことができます！

お金は目的ではなく、自由を増やす手段

お金だけで人は幸せになれるでしょうか？　この質問に、多くの人は「NO」と答えるのではないかと思います。

お金は幸福の要素の一つであることは確かですが、**お金だけで人は幸せになれるわけでは**

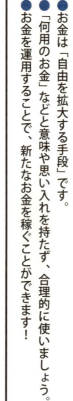

ありません。

しかし、お金にはある種の力があることも事実です。お金があることで避けられる不幸は数多くあります。

私のお金の定義は、「自由を拡大する手段」です。お金があれば行きたいところに行け、欲しいものを買うことができます。誰かを助けることもできるかもしれません。

つまり、お金は願いや欲求を叶えたり、不幸を避けたり、最小限にするための手段であって、**お金そのものが目的ではない**のです。

お金に意味を持たせない

お金が手段であることは、多くの人が何となく知っていますが、なぜか時折、忘れられてし

お金と適度な距離感を持つために

①収支のバランス感覚を養う

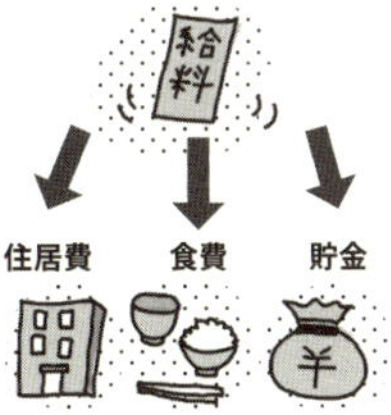

毎月、使っていい金額を見極めよう

②お金の基本をきちんと学ぶ

お金をタブーにせず、きちんと基本を学んでいこう

③お金を人生の目的にしない

お金はどれだけたくさんあっても満足できるものではない。幸福の要素の一つと割り切ろう

まいます。

年収が上下してもその人自身の価値が変わることはないはずです。それなのに、ついお金で人間の価値をはかってしまう。

また、ケガをしたり、失業したりと予定にない急な出費があったとします。すると、「貯蓄は老後資金だから」「今、株を売ると損をしてしまう」などと**理由をつけて、せっかくあるお金を使わない人がいます。**それこそ、当面のお金を作るため、借金する人までいます。

これはまったくのナンセンスです。お金はお金。**「何用のお金」などと意味を持たせないことが肝心です。**必要なときは淡々と使う。「お金は手段」とわきまえて、合理的に扱いましょう。距離感を保って付き合ってください。

One Point Advice !

「幸福の経済学」に見る幸せの要素

近年、「幸福の経済学」と呼べる研究分野が発達してきています。人に幸福度合いを質問し、その答えの変化などを複数の要因で説明するものです。

これらの研究を見ると、人の幸福はお金だけでないことがよくわかります。もちろん、お金のある・なしは幸福感に影響を与えますが、健康や知識、人間関係などが大きく関係してくるということです。

幸せに関わる要素は、一つが完全に欠けてしまうと、掛け算がゼロになるような要領で幸福感をゼロにしてしまいます。人間の幸福感には複雑な要因がからまっているのです。

お金が持つ5つの性質を把握しよう！

あればあるほど
安心できる
わけでもない
欲求を叶える
お金
総合口座
自由を拡大する
「手段」
使い道は
後で
決められる
運用で
新たなお金を
稼ぐことが
できる
不幸を減らす
SALE
寒さを
しのげる
家を修理
できる

TOPIC 02
お金との付き合い方

「適切な場所」に置いてお金にお金を稼がせよう

- お金は適切な場所に置いておくことで、稼ぐチャンスが生まれます。
- インフレ、デフレでお金の価値は変わります。

お金がお金を稼ぐチャンスを作る

毎日、マジメに働き、収支のバランスも取れていると、ある程度のお金が貯まってくるはずです。

そのお金は、どこに置いておくのがベストでしょうか。

「タンス預金」として現金を自宅に保管するのは、盗難や火事の不安がつきまといます。「銀行」に預ければ、盗難や火事の不安はなくなります。そのうえ、普通預金でも0・02％程度の利息がつきます。微々たるものですが、**自宅に保管しておくと利息は0**であることを考えると、銀行に預金しておくほうが適切だと言えます。

さらに、「個人向け国債」（➡139ページ）や「投資信託」（➡118ページ）などにお金を配分し、適切に運用すれば、預金の利息よりリターンが大きくなる可能性があります。

なお現在は長期金利（10年国債の流通利回り）が大きく低下したため、普通預金にお金を預けておくことがそれほど「もったいなくない」と

2つの方法でお金を稼ぐ

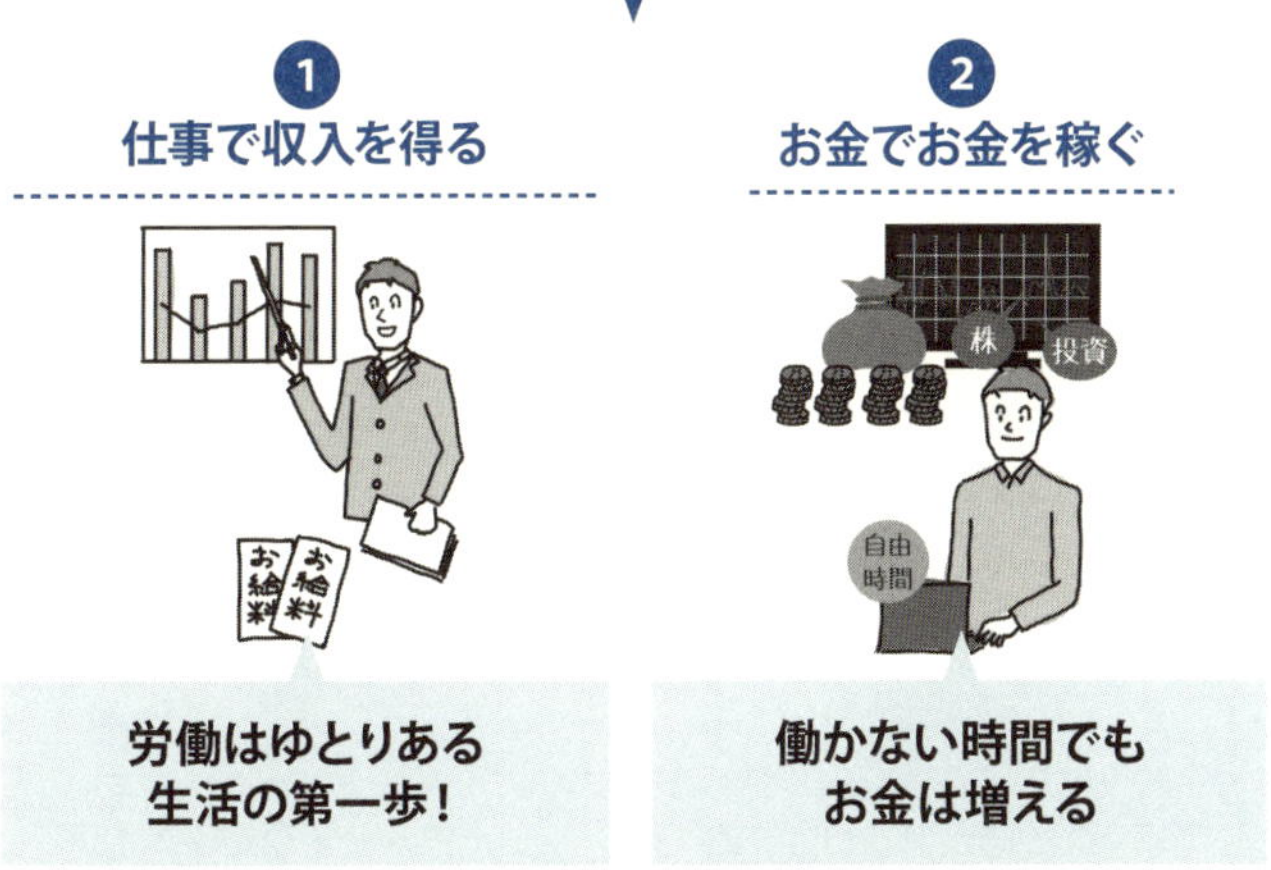

言えます。

お金には「お金自体で新たなお金を稼ぐことができる」性質があります。**自分が仕事をして稼ぐ間、お金もまた稼いでくれている**わけです。

つまり、適切な場所に置いておかなければ、お金を稼ぐチャンスを失ってしまうわけです。「適切な場所」に置くことで得をするとも言えます。

インフレ・デフレとお金の価値

お金の価値が変わる要因は、さまざまありますが、身近なところではデフレ、インフレがあります。

デフレは物価が下がっていくことです。

インフレはその反対で、物価が上がること。たとえば、もとは１００円だったリンゴがデフレ時には80円になり、インフレ時には１２０円になったりします。

デフレはお金の価値が上がり、インフレはお金の価値が下がること、と表現することもできます。今の１００万円は、将来も同じ１００万円の価値があるとは言い切れないわけです。

デフレとインフレでお金の価値は変わる

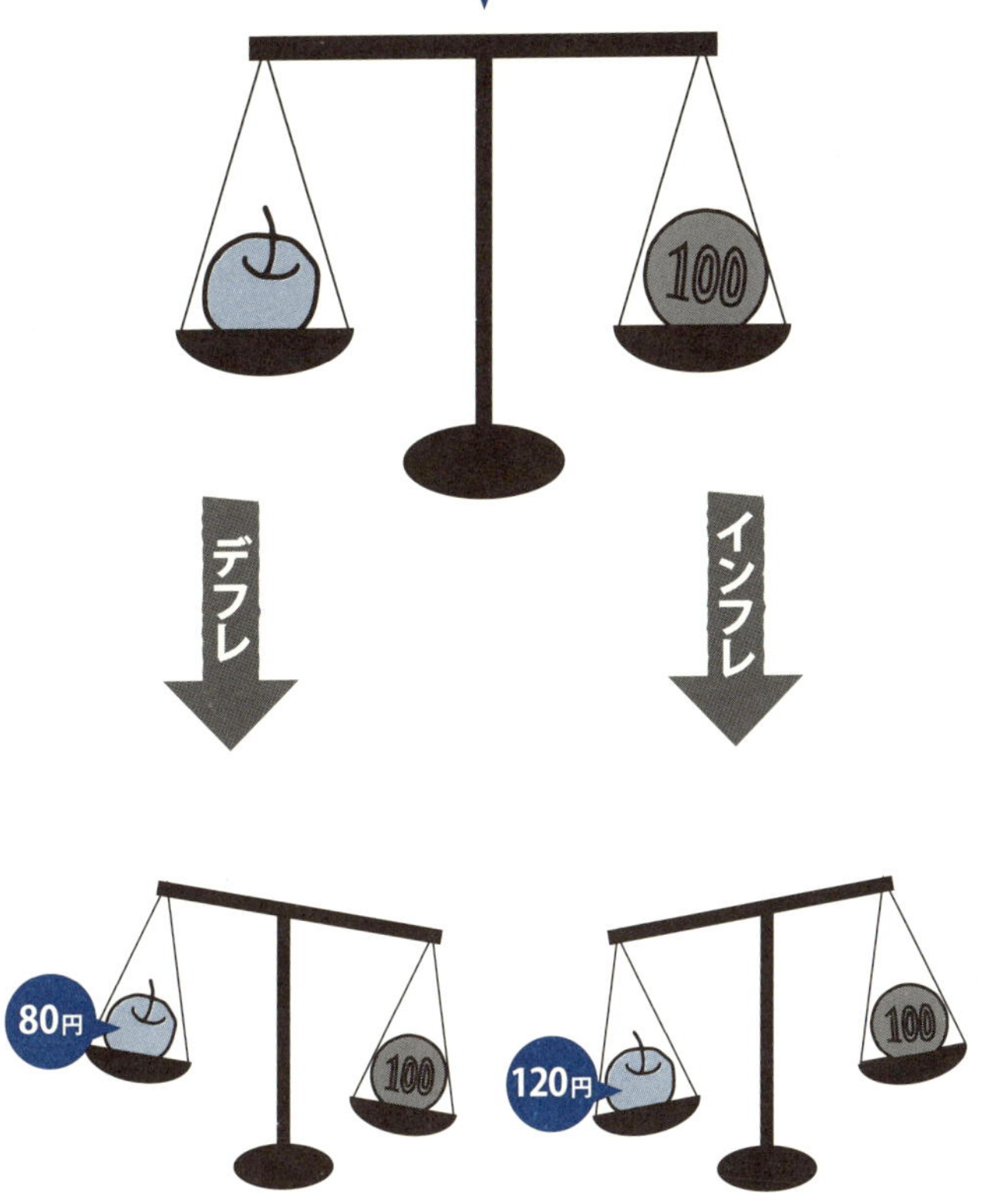

物価が下がる。
相対的にお金の
価値が上がる
（＝リンゴが 100 円以下になり、
おつりがもらえる）

物価が上がる。
相対的にお金の
価値が下がる
（＝リンゴが 100 円以上になり、
買えなくなる）

なお、世間では「インフレのリスク」を強調して運用商品をすすめる傾向がありますが、リスクをゼロにしようとして極端な運用に走るのは危険です。

インフレ・デフレは、「その時々に適応することを考えておけばよい」と気楽にかまえていいと考えましょう。

One Point Advice !

お金は受け取る人がいるから価値がある

お金は「支払いができる手段」です。

受け取ってくれる人がいて初めて成り立ちますから、両者がお札やコインをお金と認識して、お金としての価値が生まれます。

永続的に価値を持ち続ける、絶対的なものではありません。

TOPIC 03
お金との付き合い方

人生の豊かさに必要な6つの要素

- お金を貯めるために、もっとも重要なのは「稼ぎの多寡《たか》」です。
- 資産運用を考える前に元本を増やすことに目を向けましょう。

お金を貯めるために重要なものは何？

「人生で経済的な豊かさを得るために必要な6つの要素を、重要な順番に並べてみてください」と質問することがあります。

①稼ぎの多寡《たか》
②支出・貯蓄の習慣
③住居・不動産
④保険
⑤自動車
⑥資産運用の巧拙《こうせつ》

この6つの要素です。あなたはどう思われますか。
実は、ここに並べた順番どおりに重要となります。

収入を増やすことが第一に重要

運用についての本を書いている私の立場を考えると、「運用が一番、重要」と言いたい気持ちもあります。しかし、資産運用が経済的豊かさに与える影響はそう大きくありません。**日本人の金融資産は平均で約1100万円**と言われています。ただし平均額は少数のお金持ちに引っ張られます。**中央値は約500万円**ほどです。
500万円を運用して**1%運用利回りを改善したら、その額は年間5万円**です。とるリス

経済的豊かさへの影響度

大

影響度

小

❶ 稼ぎの多寡

1年で数百万、一生で見ると数千万〜億単位の違いが出る。似たような才能でも、職業の選択や働き方などで収入は大きく変わる。共働き、老後の仕事、副業などで収入を増やすことも検討しよう

35 ページへ

❷ 支出・貯蓄の習慣

収入が低くても、きちんと貯蓄できる人もいる。貯蓄がうまいということは、お金の使い方もうまいということ。支出の習慣も、数百万単位の差が出る要素として重要

39 ページへ

❸ 住居・不動産

数十万、数百万円の損得が発生しがちな要素。所有にこだわるのは危険。特に不動産価格が高いときに購入するのは避ける

56 ページへ

❹ 保険

必要ない保険に加入している人が多い。月々、数万円の保険料を支払っているなら、1年では数十万円のムダが発生している可能性がある

61 65 ページへ

❺ 自動車

住む場所やライフスタイルにもよるが、都心に住んでいて、週末に乗る程度なら、都度タクシーを利用するほうが安くつくケースもある

❻ 資産運用

運用する元本が少なければ、経済的豊かさに大きく影響することはない。ただし、運用元本が増えていけば重要度が増していく

95 ページへ

運用元本の増大とともに重要度が増す

クを変えずに1％の改善を得るのはなかなか大変なことです。

働かなくても増えるという意味では見逃せない額ですが、他の要素の影響と比較すると、経済的豊かさに大きく影響しているとは言いがたいでしょう。

そのため、資産運用については、「それなりの影響を与える」程度に受け止めて、豊かさを得る基礎技術の一つと位置づけてください。

やはり**「稼ぎの多寡」がもっとも重要な要素です**。本業の所得を増やす努力は不可欠です。副業で収入を増やすことを検討してもよいでしょう。配偶者がいれば、共働きでダブルインカムにすることで、生涯収入は大きく異なってきます。

One Point Advice !

自分の労働の価値に敏感になろう

特に日常の付き合いでお金にうるさく、ケチケチしていると、人間関係を失ってしまうでしょう。
しかし、ビジネスではお金に価値をおいて行動するのが当然です。稼ぐことに貪欲な社長の会社は成長するし、そうでない社長の会社は大きくなりづらいのが一般的です。
サラリーマンもプロとして、自分の労働はどれだけの価値があるのか、敏感でいる必要があります。転職の際、昇級の際には給料や待遇についてしっかり交渉しましょう。自分にそれだけの価値があれば、当然のことです。

TOPIC
04
お金を稼ぐ・増やす

安定した収入を得られる人材価値を身に付けよう

- 安定した収入を得るためにはキャリア・プランニングが不可欠です。
- ターニングポイントは28歳、35歳、45歳の3回！
- スキルは身に付けるにも、使うにも時間がかかります。

人材価値を上げることで稼ぎを上げる

経済的豊かさに与える影響で一番大きい「稼ぎの多寡」を増やすには、キャリア・プランニングが必要です。

生涯を通じて安定的に収入を得るためには、会社に依存しないスキルが求められます。

会社も未来も個人の力でコントロールすることはできません。**自分がコントロールできるのは、自分の人材価値です。**人材価値を作り、育て、維持し、利用していくことが必要です。

戦略を持って準備をすれば選択肢が広がる

キャリア・プランニングでターニングポイントになるのは、28歳、35歳、45歳です。

まず社会に出たら、**28歳までに職業の選択**をして、集中的に知識を付け、仕事を遂行する能力を身に付けます。

その能力で**35歳までに実績を作ります。**多くのビジネスマンの能力的全盛期は30代前半です。**45歳になったら、副業やセカンドキャリア**

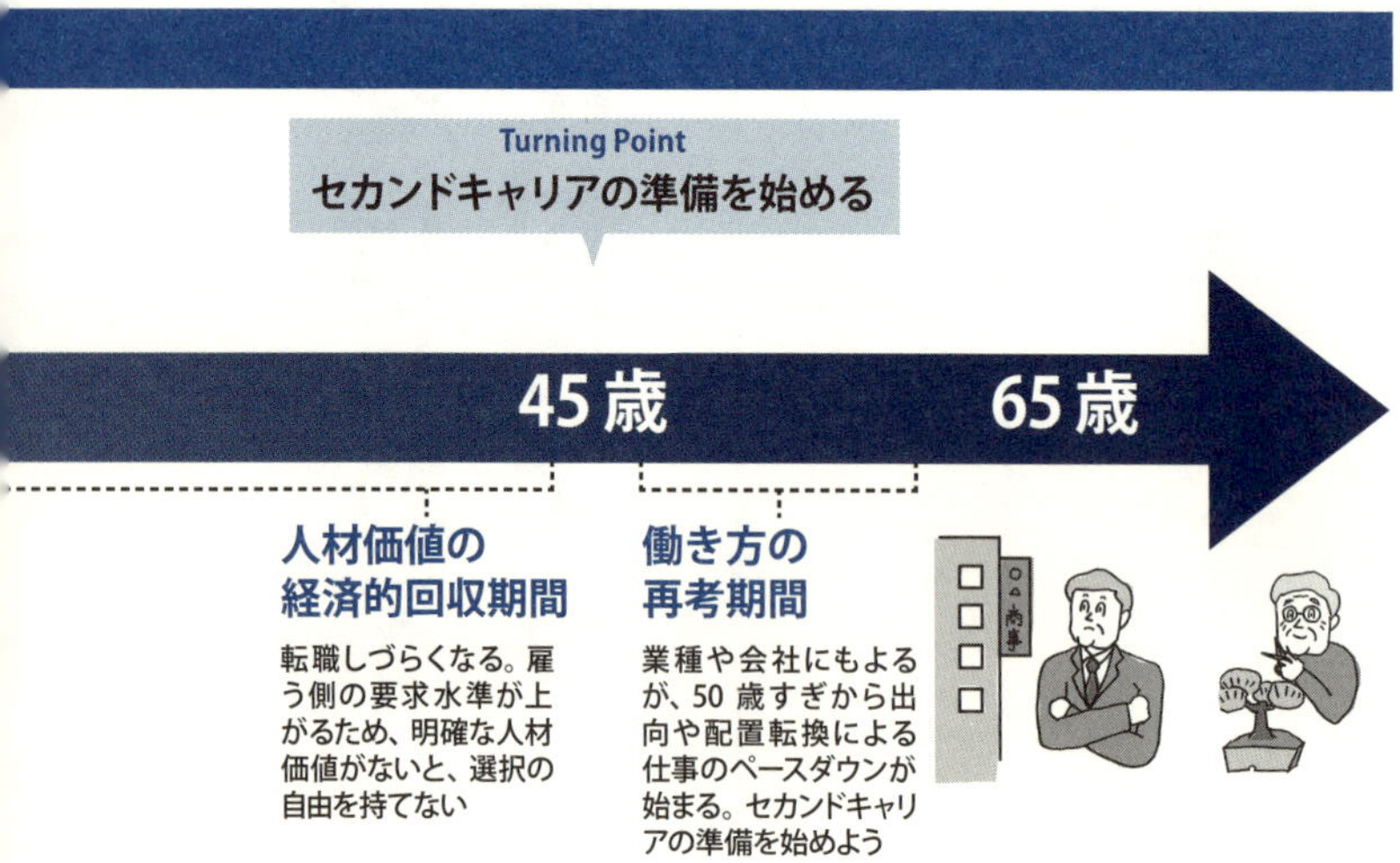

Turning Point
セカンドキャリアの準備を始める
45歳
65歳
人材価値の経済的回収期間
転職しづらくなる。雇う側の要求水準が上がるため、明確な人材価値がないと、選択の自由を持てない
働き方の再考期間
業種や会社にもよるが、50歳すぎから出向や配置転換による仕事のペースダウンが始まる。セカンドキャリアの準備を始めよう

について考え始めましょう。

私は26歳前に商社を退職して、ファンドマネジャーになったことが、結果的に職業の選択になりました。その後、運用の専門家として実績を作ったのが30代半ばです。

そして、40歳を過ぎたくらいの頃に、働き方を変えることを考え始めました。このとき給与所得を約半分にして時間を作り、評論家の仕事を並行して始めました。現在は楽天証券の客員研究員をしながら、経済評論家と大学の先生（週2コマ）をしています。

満足な収入を得るスキルを身に付けるには、ある程度の時間が必要です。収入や選択肢を増やすためにも、戦略を持って準備に努めましょう。

キャリア・プランニングの考え方

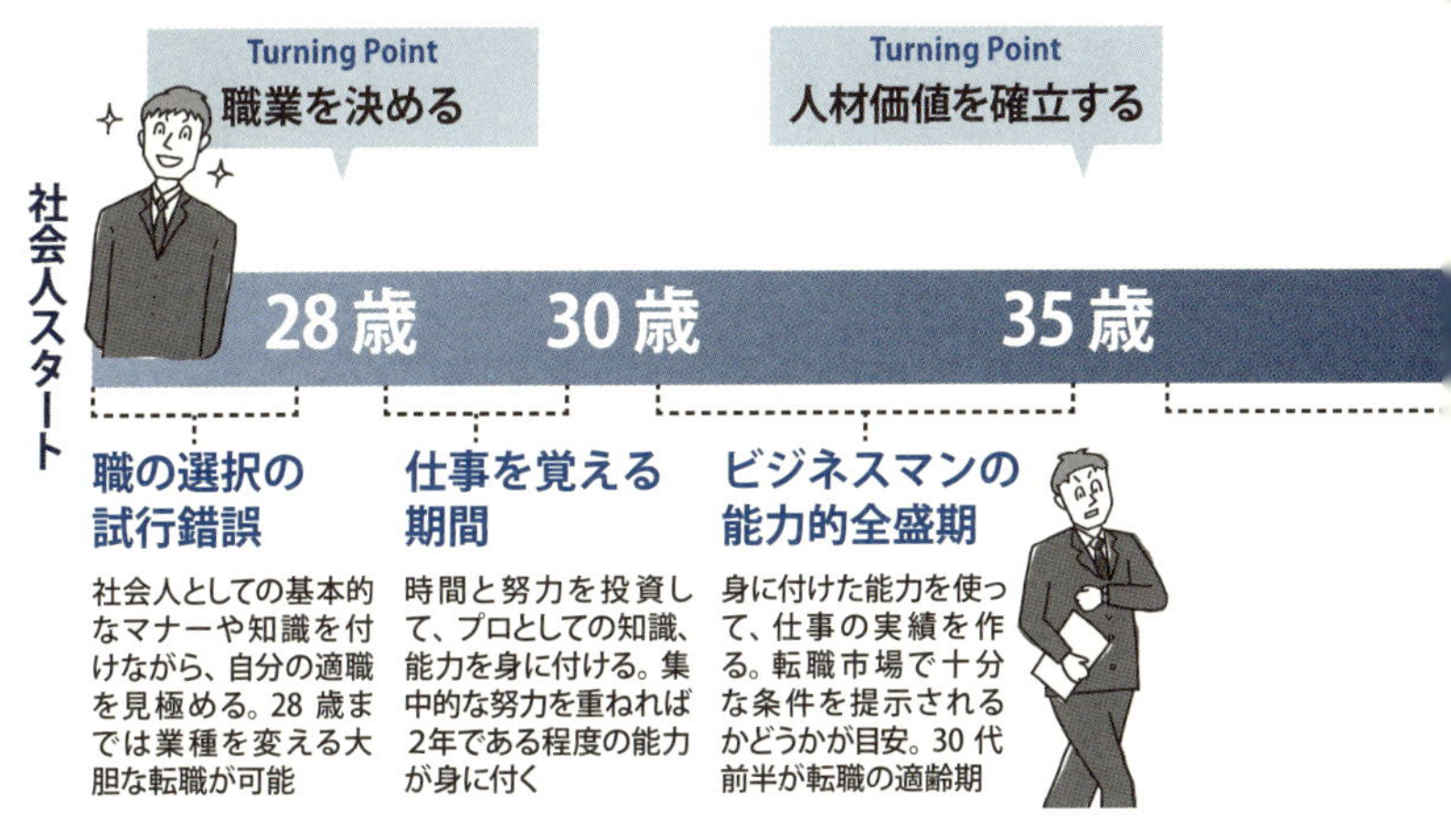

Turning Point
職業を決める
Turning Point
人材価値を確立する
社会人スタート
28歳
30歳
35歳
職の選択の試行錯誤
社会人としての基本的なマナーや知識を付けながら、自分の適職を見極める。28 歳までは業種を変える大胆な転職が可能
仕事を覚える期間
時間と努力を投資して、プロとしての知識、能力を身に付ける。集中的な努力を重ねれば2年である程度の能力が身に付く
ビジネスマンの能力的全盛期
身に付けた能力を使って、仕事の実績を作る。転職市場で十分な条件を提示されるかどうかが目安。30 代前半が転職の適齢期

人材価値を決める3つの要素

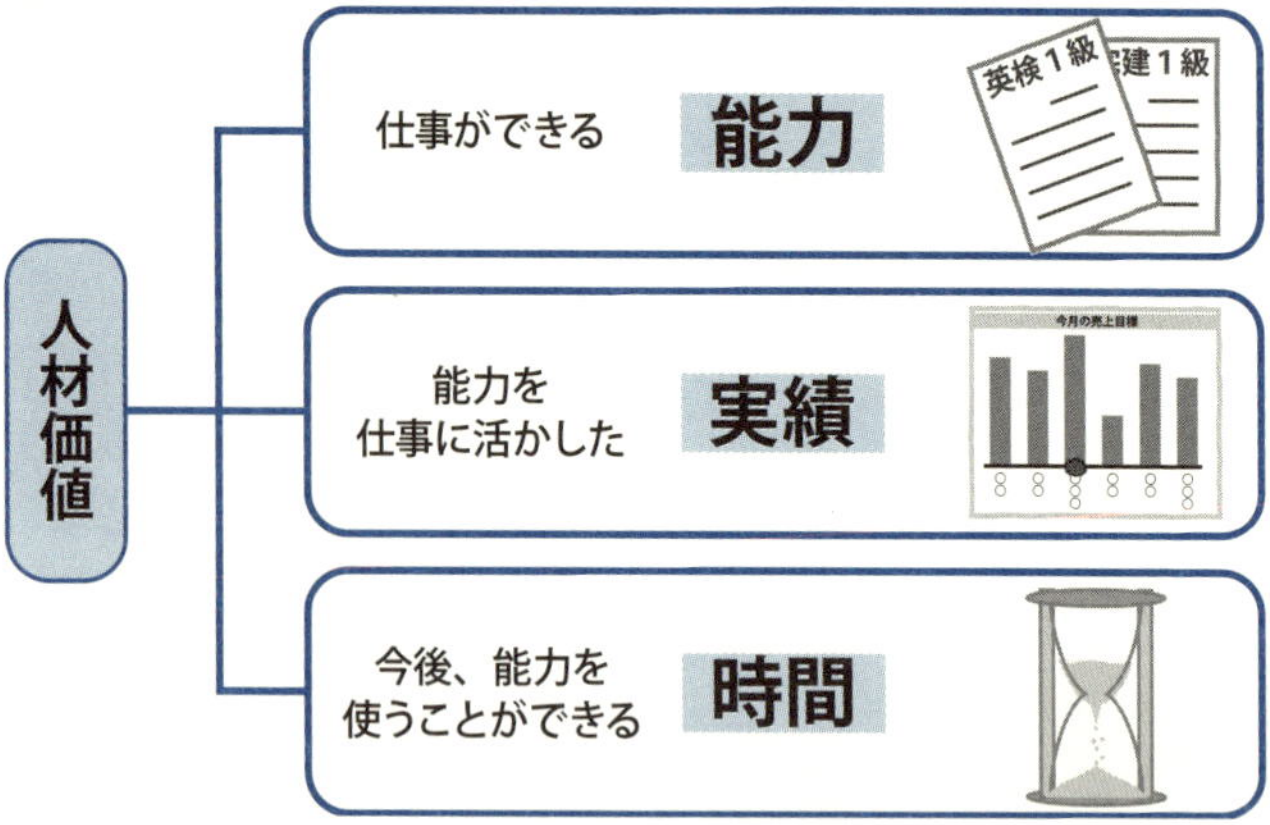

One Point Advice !

転職の選択を持っておこう

　転職は絶対にしなければいけないものではありませんが、「転職という選択肢もある」と考えることで、職業人生の可能性が広がります。

　転職によって得られるものは、学習、仕事、経済条件、働き方などです。覚えたい仕事があるなら、その仕事のレベルの高い会社に転職することですし、仕事のチャンスを得ることもできます。収入が上がることもあるでしょうし、余暇の時間が増える可能性もあります。

「転職は絶対にしない」と考えるのは少しかたくなです。キャリアを作る方法の一つとして頭に入れておくのも、よいのではないでしょうか。

TOPIC 05

お金を稼ぐ・増やす

貯蓄で運用の元本形成。給料天引きが最善策！

- 貯蓄額は、収入の多寡だけで決まるわけではありません。
- 運用の効率を上げるには、ある程度の元本が必要です。
- 支出をコントロールする方法を体得しましょう。

運用の前にまずは貯蓄の習慣を身につけよう

同じ収入だとしても、貯蓄額は人それぞれです。「自分より収入が少ない友人のほうが貯蓄額が多い」という経験をした人も多いのではないでしょうか。

「支出・貯蓄の習慣」は経済的豊かさを考えるうえで見逃せない要素です（↓33ページ）。ときとして、「稼ぎの多寡」より重要になることすらあります。

貯蓄が100万円の人が1年間で50万円資産を増やしたいなら、年率50％の利回りで運用しなければなりません。かなり高いハードルでしょう。しかし、月に4万円強を貯めれば1年で50万円。**1年間で50万円貯蓄するのはそうむずかしくありません**。そのため、運用より貯蓄のほうが現実的に資産を増やせると言えます。

また、仮に1年間に50万円を手にしたいなら、運用の元本が1000万円あれば5％の利回りでも可能になります。

この点でも、**運用の前にまずはある程度の元本を増やす、つまり貯蓄を増やすことが大切**と言えるわけです。

給料天引きでお金を貯める

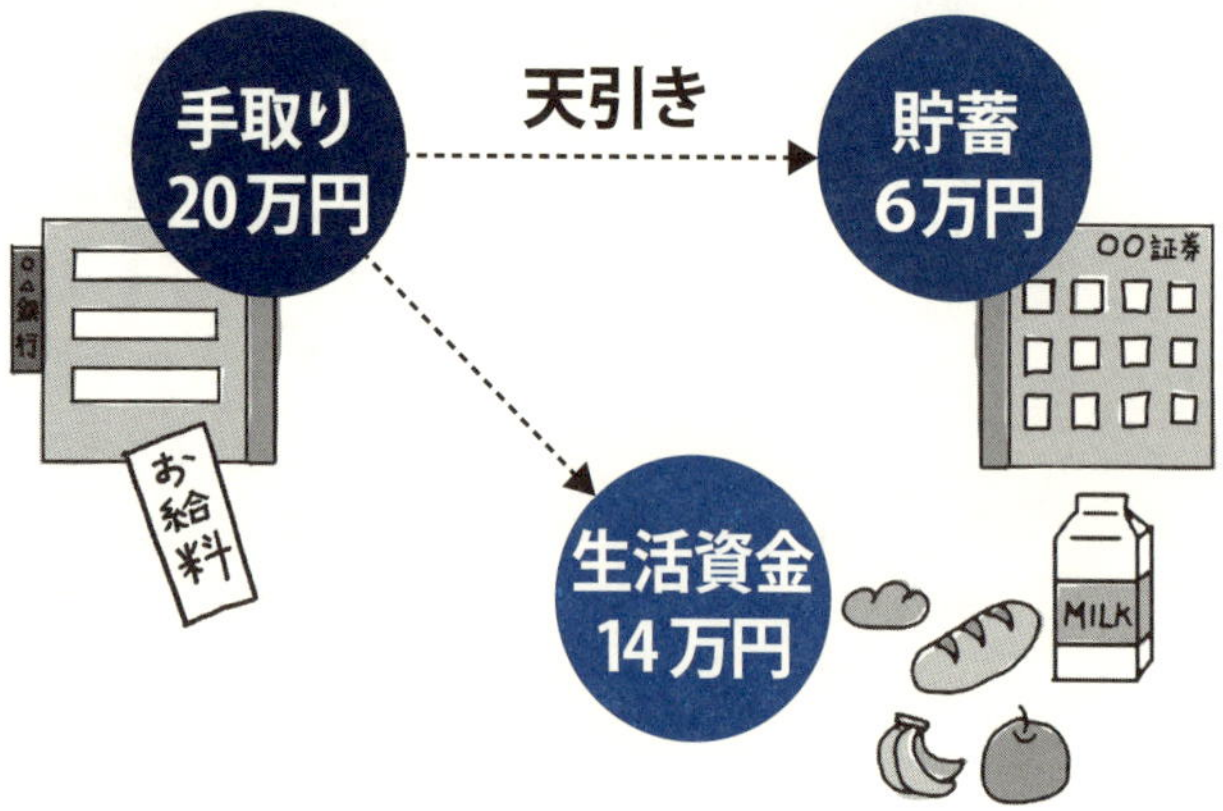

給料から天引きして残りの額で生活する

実は私自身は典型的な〝お金が貯まらないタイプ〟です。私と同じタイプの人ほど**給料から「天引き」して貯蓄し、残ったお金で生活する**ことをおすすめします。不思議なことに、給与が振り込まれる口座から、別の口座にお金を移すだけで、手をつけづらくなるものです。

具体的には、「手取りの3割」が貯蓄できれば鉄板です。3割の根拠は、多くの人が心配している老後の生活です。老後は子育ての支出などが減りますし、運用益もあるので、現役時代にずっと3割貯蓄できていれば、老後におおむね現役時代並みの生活を維持できます。公的年

「現金主義」方式の支出コントロール法

手取り7割の人をお手本にする

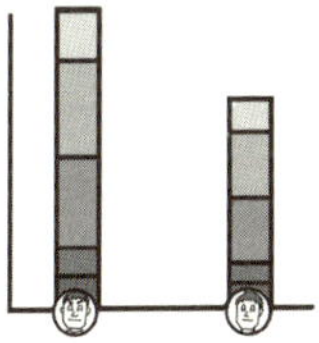

手取りの3割を貯蓄するためには「7掛け」で生活するペースをつかむ

クレジットカードは基本的に使わない

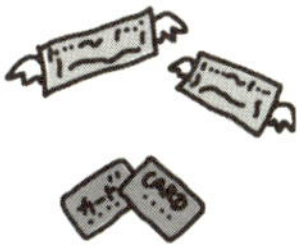

カードは支出把握を困難にしやすい「借金の元」。ポイントも余計な支出につながりやすい

月2回2週間分の生活費を引き出す

1回につき2週間分の生活費を引き出す。1回目の現金が2週間たたないうちになくなれば、月の後半に支出を引き締めよう

金のことも考えると、給料の2割～2割5分くらいの貯蓄で十分でしょう（→77ページ）。

給料が自分の7割程度の人のライフスタイルを参考にして、貯蓄に励みましょう。

新入社員が1年目に身につけたい習慣

新入社員の場合は貯蓄の前に社会人生活に慣れることが先決です。まずは収入の中で生活する感覚を身につけましょう。1年目は「借金しなければ合格」と考えて、少しずつ貯蓄の感覚を養います。2年目からは天引きでしっかり貯蓄していきます。クレジットカードではなく、現金で生活することが収支管理の秘訣です。

One Point Advice !

使い道は後でも決められる

マネー雑誌やファイナンシャル・プランナーが提案するプランなどで、「これは教育資金用」「これはマイホーム資金用」などと、目的別に貯蓄をすすめるものを見ることがあります。

一見、説得力がありますが、実はナンセンスな提案です。お金はお金。使い道は後からでも決められます。ある程度、貯蓄があれば、将来必要なときに、必要なモノに替えることができます。何用などとこだわらず、貯蓄することが大切です。

逆に言えば、使い道を後で決められるから、お金は万が一の「備え」となるのです。

TOPIC 06
お金を稼ぐ・増やす

お金と時間と自由の交換法則を意識しよう

- お金で買える時間があります。
- お金で買える自由があります。
- 意思決定の際には、時間コストを意識しましょう。

転職や引っ越しを戦略的に行う

お金、時間、自由はどれも人生で大切なものですが、実は**時間と自由は、お金を介して緩やかに交換できます**。

「お金で時間を買う」こともできますし、「時間を使うことでお金を増やす」こともできます。

自由を求めて好きな仕事をするとお金を稼ぐことはむずかしくなりますし、人が嫌がる仕事や大変な仕事は報酬が高額なことが多いと言えます。

転職のとき、引っ越しのときなど、**何か意思決定をする際には、時間、自由、お金の関係を意識する**必要があります。自分が何を求めるのか、戦略的に選ぶことが必要です。

職住近接のメリットは大きい

特にお金と時間の関係は大切です。「時は金なり」と言いますが、時間コストを意識している人は少ないように思います。

たとえば年収１０００万円の人の通勤時間が

自分の時給を計算しよう

（例）年収 1,000 万円の場合

▶▶時給を計算する

年収 1,000 万円 ÷ 1年の労働日数 250日 ＝ 日給 4万円

日給 4万円 ÷ 1日の労働時間 8時間 ＝ 時給 5,000 円

▶▶通勤コストを計算する（※通勤時間が片道 30 分の場合）

時給 5,000 円 × 1ヶ月の労働日数 20日間 ＝ 通勤コスト 10万円

片道30分延びると、月に10万円のコスト増になります。

1日8時間、年間250日働くなら、年収1000万円の人の時給は5000円と計算できます。

通勤30分の家から1時間の家に引っ越しするのは得策ではないことがわかるでしょう。

また、タクシー代が2500円以下で移動時間が1時間から30分になるなら、タクシーを使うほうが得かもしれません。

一般的にサラリーマンはざっと給料の倍の利益を会社にもたらしています。そう考えると、年収1000万円の人の時間コストは1万円と考えることもできます。

その他、職住近接のメリットは仕事のパ

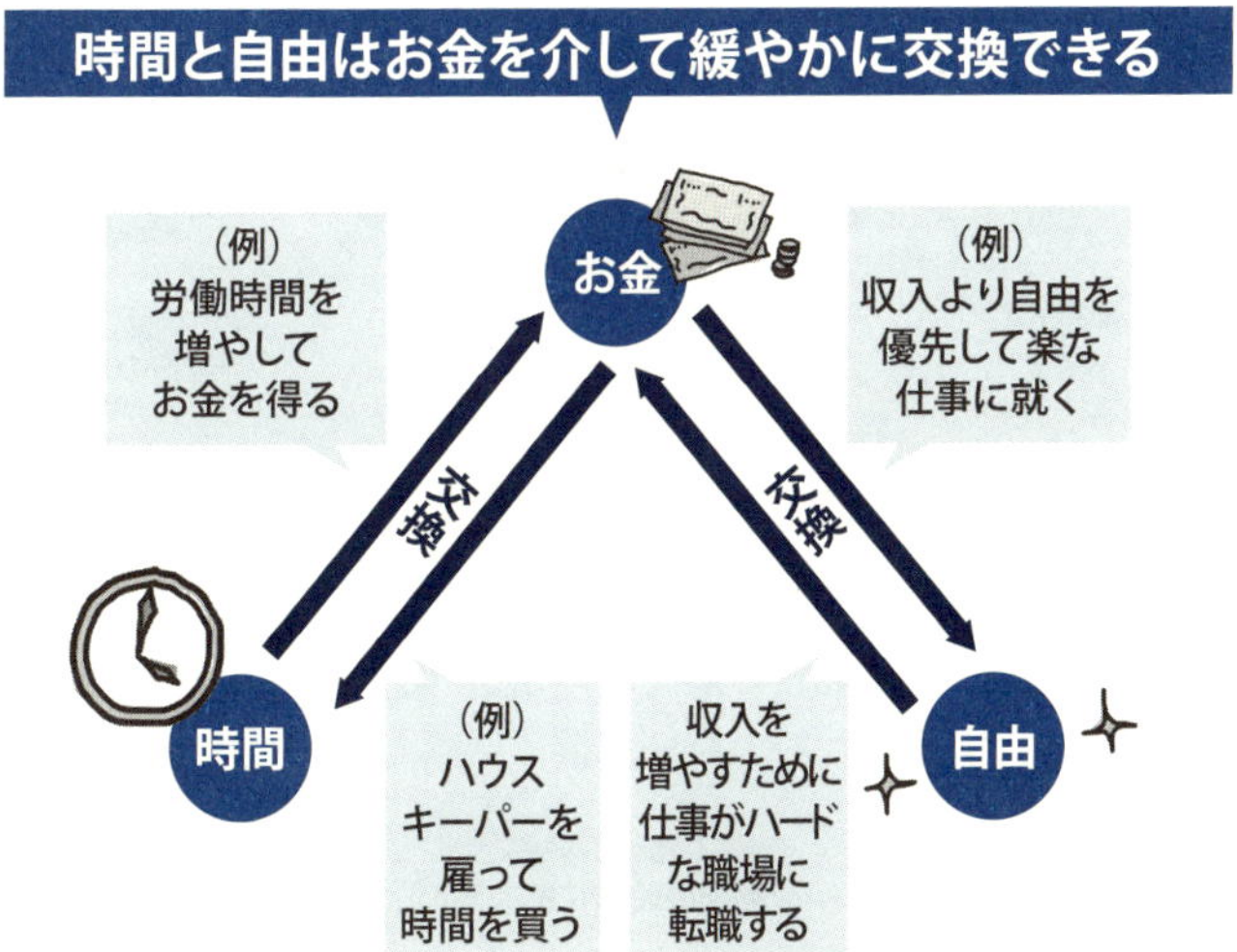

フォーマンスを上げる効果もあります。**時間ロスは想像以上のマネーロスになる**ことを頭に入れて、意思決定しましょう。

TOPIC
07
お金は賢く使う

銀行は日常のお金のやり取りに限定する

- 銀行の利用はネットバンキングを中心に。銀行員と顔を合わせるべきではありません。
- 銀行員は手強いセールスマン。お金の相談をしてはいけません。
- 預金は生活費３ヶ月分が目安です。

手の内を読まれている手強い相手が銀行

銀行はお金を相談する相手としては不適切です。銀行は「堅い」「信用できる」イメージがありますが、手数料をお客様から稼ぐという点で、証券会社や保険会社とまったく同じ。自社の利益のために動く企業です。

しかも、**銀行はこちらの懐具合をよく知っている**ため、数ある金融機関の中でも、たちが悪い面もあります。「給料がいくらか」「貯蓄がいくらか」「家賃がいくらか」など、大まかなお金の流れを把握しています。手の内を読まれているため、非常に手強いセールスマンなのです。

また、**お金の相談などで銀行員の話を聞いてはいけません。断りづらくなるからです。**

銀行からのセールスを避けるため、銀行員とはなるべく顔を合わさないのが得策です。ネット銀行や、通常の銀行でも**ネットバンキングを利用して、自宅のパソコンを介した付き合いを心がけましょう。**振り込み手数料など、店頭で手続きするより安く設定されている場合もあります。

銀行との上手な付き合い方3箇条

❶窓口に出向かない

銀行はお金の相談相手にふさわしくない。
ネットバンキングを利用しよう

❷預金は 1,000 万円以内に収める

銀行が破たんしたときのペイオフの
リスクに備える

❸生活費の2〜3ヶ月分が預金の目安

銀行のメリットはお金のやり取りの
便利さ。金利はきわめて低い

1行1000万円を超える預金は危険

運用という点から見ると、**銀行の金利はきわめて低い**ものです。また、銀行が取り扱う投資信託や生命保険などの中には、おすすめできる商品はほぼありません。例外は個人向け国債（→139ページ）くらいです。

また、**銀行の預金保険の保護範囲は1000万円までの元本と金利のみ**という制約もあります。私たちが預けている預金は、仮に銀行が破たんしても預金保険で保護されていますが、その範囲は1つの銀行（複数口座の場合はその合計）に対して1000万円まで。これを超える金額は保護されません。

では反面、銀行のメリットはというと、引き落とし、送金、クレジットカードの決済など、日常生活で必要なお金のやり取りが非常に便利なことです。そのため、**銀行は「あくまで決済の口座」と割り切って、生活費の2〜3ヶ月分程度を生活防衛資金として置いておく**のがおすすめです。冠婚葬祭や突然の出費は、このお金から出します。

「1000万円以上の預金は持たない」と決め、ネットを介した日常のお金のやり取りに留めるのが、銀行との付き合いの基本です。

銀行の破たんに備えるためにしておくべき4つのこと

預金保険のしくみ

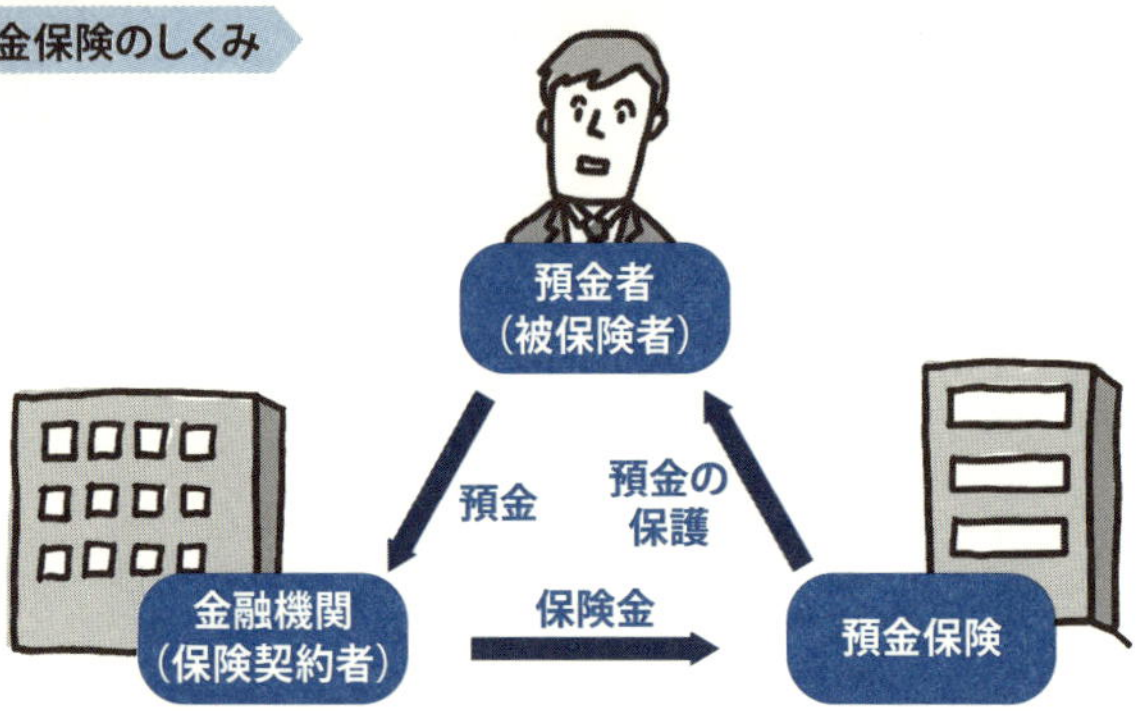

- 保護されるのは1つの銀行につき元本 1,000万円とその利息まで
- 支店を分けたり、口座を分けても、同じ銀行だと合計1,000万円とされる
- 結婚などにより旧姓と現在の姓の口座がある場合も、合計1,000万円とされる
- 1,000万円を超える部分は、破たんした金融機関の財産の状況に応じた支払いになる

1つの銀行に、普通預金と定期預金を合わせて1,000 万円以上を預金しない

対策①

複数の銀行に分けて預金する

元金の全額が保護されるメリットがある一方で、管理が面倒、利息が低いというデメリットがある

対策②

個人向け国債を購入する

国家が債務を保証するため、その他の金融商品と比較すると、安心な運用対象（→139 ページ）

対策③

証券会社のMRF
（マネー・リザーブ・ファンド）
を購入する

証券会社で購入する投資信託の一種。元本割れのリスクが低い、比較的安全な金融商品
（→136 ページ）

対策④

その他の金融商品で運用する

リスクはあるが、当面、使う予定のないお金は運用して増やすこともできる
（→130 ページ）

TOPIC
08
お金は賢く使う

「無料相談」に近づいてはいけない

- 「無料相談」はセールスを受ける場所です。
- 金融知識のある中立な人に正当な対価を支払い、相談しましょう。
- FP、FAも中立な立場ではありません。

無料相談はその実、無料ではない

銀行員や証券マンはあくまでセールスマンであり、自分や会社を儲けさせたい人です。**相談相手を儲けさせてくれる人ではありません。**

つまり、銀行員や証券マンはお金の相談にふさわしい相手ではないということです。あなたとの利害関係は一致しないと考えておくべきでしょう。

特に**金融機関の「お金の無料相談」には近づくべきではありません。**金融機関には担当者の人件費というコストが発生していますから、コストを回収するために、金融商品の購入をすすめられるでしょう。

つまり**〝相談〟と銘打った〝セールス〟が無料相談の実情**なのです。

仮に、金融商品を買わなかったとしても、そのコストは別の人が手数料などの形で負担をしています。もちろん、反対に自分が誰かの分を負担することもあります。

セールスマンの親身な態度に心を許してしまうと、彼らのセールストークに乗せられ、不適切な商品を購入してしまうでしょう。

セールスマンに自分から財産状況を申告し、相談するのは、まったく愚かな行為です。

ＦＰやＦＡもしばしば金融商品を販売する人

相談相手の候補としては、ファイナンシャル・プランナー（以下、ＦＰ）、ファイナンシャル・アドバイザー（以下、ＦＡ）と名乗る人達もいます。

「運用の相談は商品を買う相手にしてはならない」というのが守るべき大原則です。

組織に属さず、フリーで活動しているFPの中には、特定の商品を紹介し、その商品を販売している会社からキックバックを得ている人も多くいます。

FAにも、証券会社等と契約し、投資信託等の商品を仲介することで証券会社等から手数料を受け取る人がいます。

つまり、FPやFAは中立な立場から金融商品を紹介してくれる人とは言えないわけです。さらに、**FPが持つ金融知識は、一般的な金融マンよりも劣っている傾向がある**ことにも注意が必要でしょう。

もしFPが持つ知識を確かめたいなら、アクティブ・ファンドについて聞いてみましょう（↓下図）。信頼できるかどうかがわかります。

信頼できるFPかどうかがわかる質問

アクティブ・
ファンドで
おすすめのものは
ありますか？

アクティブ・ファンドにおすすめできる商品はない（→176ページ）。何か紹介してきたら、怪しんだほうがいい。金融知識が乏しいか、職業倫理がないか、手数料を稼ぎたいか、何も考えていないか、のどれかに当てはまるはず

相談相手に適切なのは誰？

以上を勘案して、お金の相談をする相手には、次のような人物を選択することをおすすめします。

①金融機関と関わりのない人

②正確な運用知識を持つ人

実は、この2つを満たす人を見つけるのは簡単ではありません。そのため、次のような対策が必要になります。

①あらかじめ金融商品は購入しないと告げておく

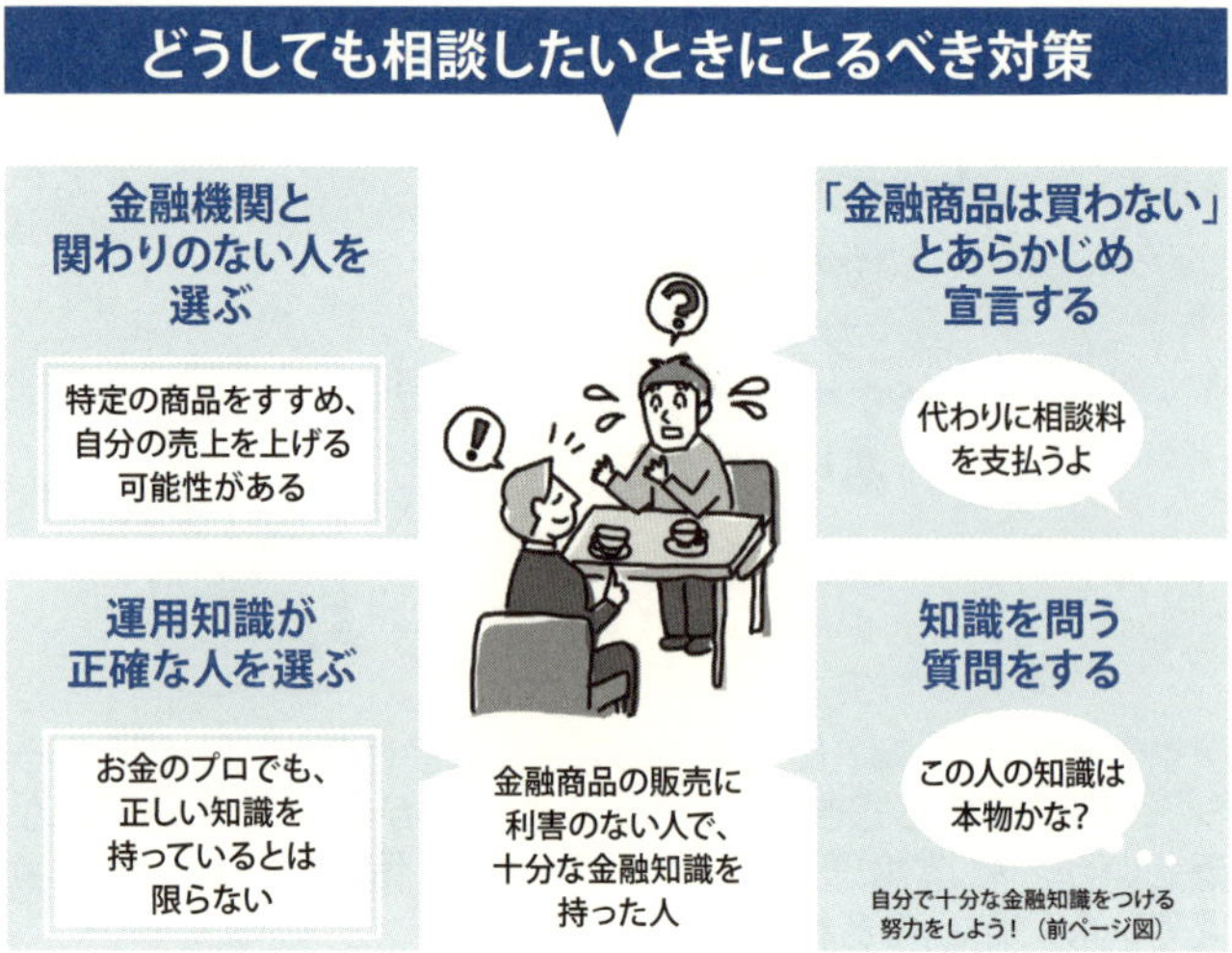

どうしても相談したいときにとるべき対策
金融機関と関わりのない人を選ぶ
特定の商品をすすめ、自分の売上を上げる可能性がある
運用知識が正確な人を選ぶ
お金のプロでも、正しい知識を持っているとは限らない
「金融商品は買わない」とあらかじめ宣言する
代わりに相談料を支払うよ
知識を問う質問をする
この人の知識は本物かな？
自分で十分な金融知識をつける努力をしよう！（前ページ図）
金融商品の販売に利害のない人で、十分な金融知識を持った人

②相手の知識を問う質問をする

理想は、ＦＰや金融機関に勤める知人に、相談料を払って話を聞くことです。

無料だと、相手は対価を得るために、金融商品の購入をすすめてくるでしょう。

であれば、初めから相手に相談に値する報酬を支払うほうが公平なアドバイスがもらえます。知人であれば、お酒をごちそうする程度で相談に乗ってくれるかもしれません。

もちろん、**自分で十分なレベルまで勉強することが最良の解決策であることをつけ加えておきます。**

One Point Advice !

知人への相談は気にかかる点もある

それなりの対価を払って、きちんとした知識を持つ知人に相談に乗ってもらう場合、一つだけ気にかかる点があります。

相談したときはよくても、あとあと金融商品を買うことになるかもしれないことです。勤め先がキャンペーンをやっていたり、商品の販売ノルマがある場合など、泣きつかれて買うことになってしまうおそれがあります。

特に親戚などの近しい間柄だと、販売ノルマに協力してくれ、と頼まれやすいので、相談依頼の際に「絶対に買いません」と告げておきましょう。

TOPIC 09

お金は賢く使う

「家は買うか借りるか」永遠の論争に決着！

●自分が住む住宅であっても「不動産投資」として判断しましょう。
●不動産は流動性が低い資産です。

高ければ買わない。安ければ買う

不動産は生涯でもっとも大きな買い物ですから、昔から「賃貸派」「持ち家派」の論争が延々と続いています。

私の答えは、その物件が「高ければ買わない」「安ければ買う」ほうが得というものです。

「買ったほうが得」「借りたほうが得」論争の結論は、これ以外にありません。

重要なのは、**この判断を「投資対象として」行う**ことです。

営業マンのトークに振り回されない

不動産投資として考えると、将来の収入は【将来の家賃収入＋将来の売却価格】で計算できます。この金額の現在価値よりも物件価格が安ければ、買ったほうが得。物件価格のほうが高ければ損と判断できます。

注意が必要なのは、**「将来の家賃収入」と「将来の売却価格」**の評価方法です。

20年間で得られる家賃収入が合計6000万円で、20年後に物件が2000万円で売れると予想したとしましょう。この場合、**将来の価値を現在の価値に換算して考える**必要があります。

なお、現実には将来の家賃下落、物件の補修費、税金などの支出を考慮する必要があります。

割引現在価値で損得を考える

現在持っているお金と、将来手に入るお金は同額でも価値が異なります。そのため、将来のある時点で受け取ることが期待できる価値を、もし現在受け取ることにした場合にどの程度の価値になるか、将来の価値をある率で割り引いた**「割引現在価値」**で判断します。

たとえば１００万円を１％の金利で銀行に預けると、現在の１００万円は、1年後に１０１万円になることが期待できます。そのため、1年後の１０１万円は現在の１００万円と同じ価値だとみなされます。

このとき**元本１００万円は将来価値である１０１万円の「割引現在価値」と言い、その割引率は１％であると考えられる**わけです。

将来の収入の割引現在価値を割り出す

実際にある物件価格の将来の収入を考えてみましょう。

家賃が月々25万円（年間３００万円）で割引率を６％とした場合、1年目の現在価値は約２８３万円と計算されます。同じように2年目、３年目と20年間の現在価値を割り出し、合計すると４０６４万５８５８円。

この金額より物件価格が安いなら「得」、高いなら「損」と判断できます。

割引現在価値の計算式

$$\text{将来の価値} \div \left(1 + \text{利回り（割引率）}\right)^{\text{年}} = \text{元本（現在の価値）}$$

▶▶ 1年目に予想される収入300万円、割引率6%の場合

$$300\text{万円} \div (1+0.06)^{1} = 283\text{万}0{,}189\cdots\text{円}$$

▶▶ 2年目に予想される収入300万円、割引率6%の場合

$$300\text{万円} \div (1+0.06)^{2} = 266\text{万}9{,}989\cdots\text{円}$$

※割引率は今なら最低6%は必要でしょう

One Point Advice !

ローンは銀行の儲けの分だけ追加的に自分が損をする

本文で紹介した計算は、ローンをまったく考慮していないことにも注意が必要です。住宅ローンを組んで不動産を購入する場合は、ローンの損得も加味しなければいけません。

たとえば市場金利が1%でローン金利が2%なら差の1%分だけ市場の条件よりも損をしていると考えられます。

金融機関が儲ける分だけ、借り手が追加的に損をしてしまうのがローンです（→85ページ、90ページ）。

「割引現在価値」で物価の損得を考える

時間	将来収入	割引係数（小数点第五位以下四捨五入）	現在価値（1円未満四捨五入）
ー	0円	1	0円
1年	300万円	0.9434	283万189円
2年	300万円	0.8900	266万9,989円
3年	300万円	0.8396	251万8,858円
4年	300万円	0.7921	237万6,281円
5年	300万円	0.7473	224万1,775円
6年	300万円	0.7050	211万4,882円
7年	300万円	0.6651	199万5,171円
8年	300万円	0.6274	188万2,237円
9年	300万円	0.5919	177万5,695円
10年	300万円	0.5584	167万5,184円
11年	300万円	0.5268	158万363円
12年	300万円	0.4970	149万908円
13年	300万円	0.4688	140万6,517円
14年	300万円	0.4423	132万6,903円
15年	300万円	0.4173	125万1,795円
16年	300万円	0.3936	118万939円
17年	300万円	0.3714	111万4,093円
18年	300万円	0.3503	105万1,031円
19年	300万円	0.3305	99万1,539円
20年	2,300万円	0.3118	717万1,509円
		現在価値 合計	4,064万5,858円

割引係数…$1 \div (1+0.06)^{年}$

住宅購入のデメリット

資産固定化
資産の大部分を不動産に固定してしまう

高リスク
株式のように分散投資でリスクを下げる方策をとれない

初期コスト（高）
売買の際に仲介手数料や登記手数料等がかかる

流動性（低）
買ってくれる人が見つからないと売れない

変更困難
ライフスタイルに応じて気軽に住み替えるのがむずかしい

維持コスト（高）
物件の維持コスト、固定資産税がかかる

TOPIC
10
お金は賢く使う

生命保険は「加入しない」を原則と考えよう

- すすめられても、何となく加入するのはやめましょう。
- 保険は「泣く泣く入る」もの！
- 返戻金や特約は必要ありません。

保険加入は社会人の常識ではない

日本人は生命保険好きで、他の先進国と比較すると3倍くらいの保険料を払っていると言われます。たいていの人は**生命保険を「原則として加入するもの」と考えているようですが、正しくは「原則として加入すべきでないもの」です。**ほとんどのケースにおいて、生命保険は不要と言っていいくらいです。

最悪なのは、社会人になったのをきっかけに保険に加入するケースです。会社に保険セールスの女性が来て、先輩に「お前も社会人になったのだから、保険くらい入っておけ」と言われ、「そんなものか」と何となく加入する。その後、3年おきくらいに乗り換えをすすめられ、何となく契約し直す。まったく不要な支払いです。

必要最低限の保険に泣く泣く入る

保険は「損する賭け」が本質です。**保険会社が存続し、儲かっているのは、それだけ契約者が負け続けているということ。**

そもそも支払う保険料はすべて保険に使われ

生命保険とのつき合い方

原則3箇条

- ❶100％納得できる保険以外には入らない
- ❷特に医療保険（ガン保険を含む）には入らない
- ❸独身の新入社員は生命保険に入らない

どうしても生命保険に入る必要があるなら…

保険加入の3箇条

- 最小限の期間 → ❶10年～20年くらいの期間限定にする
  子供が大きくなる、またはある程度の貯蓄ができたら死亡保険金は不要
- 最小限の保障 → ❷掛け捨ての死亡保障の定期保険（特約なし）にする
  特約のないシンプルなものにする
- 最小限の保険料！ → ❸ネットの生命保険会社から選ぶ
  共済保険と比較して安いほうに決めよう

るわけではありません。当然、保険会社の取り分、手数料が含まれています。

この手数料を生命保険では付加保険料と言いますが、**ほとんどの生命保険各社は、付加保険料を開示していない**という問題があります。一般的には保険料の2～5割と言われていますが、投資信託などと比べても桁が1つ違う非常に高い水準です。

結論として、**必要最小限のものに泣く泣く入るのが保険の正しい考え方**です。販売者の取り分がわからない商品にお金を出してはいけません。できるだけ近づかず、どうしても必要なものだけに入るのが基本です。

そもそも、若い新入社員や子供が自立した後の夫婦に、多額の死亡保険金が必要でしょうか。

生命保険に支払う保険料

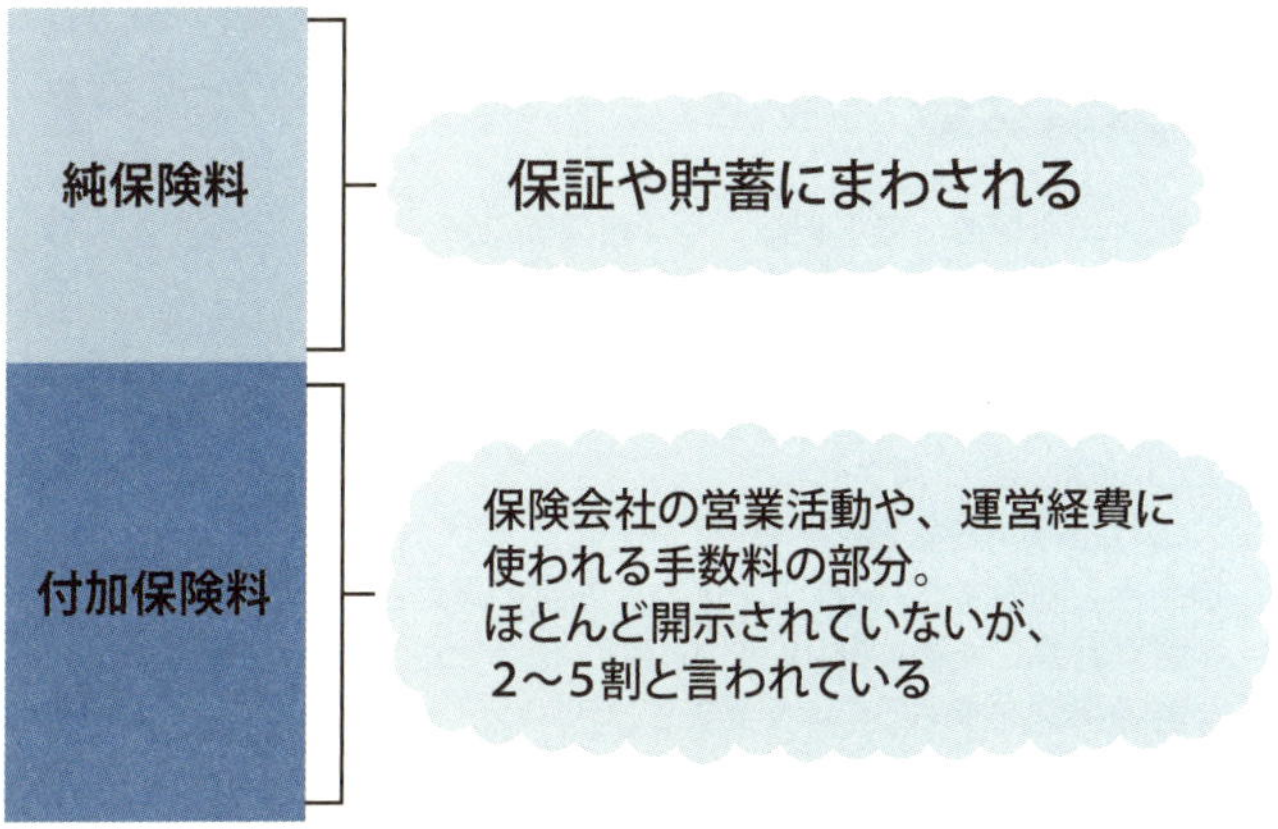
純保険料
保証や貯蓄にまわされる
付加保険料
保険会社の営業活動や、運営経費に
使われる手数料の部分。
ほとんど開示されていないが、
2～5割と言われている

死んだ後に必要なのはせいぜい葬式代くらい。数千万円ものお金は必要ないはずです。
そう考えると、**死亡保険金が必要なのは貯金の無い若い夫婦に子供ができた場合**に、「10年からせいぜい20年程度」「死亡保障のみで余計な特約のない保険」に、「保険料の安いネット生保」で加入するくらいのものです。

積立も特約も必要なし

基本的に死亡保険は掛け捨て型ですが、返戻金があるタイプは保険料の一部が積立型になっています。**最低限の期間、最低限の掛け金、最低の保障（特約等はつけない）の加入を考えると、積立部分も特約も必要ありません。**「掛け捨ては損」ではなく「かしこい選択」なのです。

One Point Advice !

個人年金保険（養老保険）には加入しない

個人年金保険（養老保険）や学資保険など、満期にお金が支払われる保険が人気ですが、このタイプの保険の加入はおすすめできません。
死亡保険、医療保険に特約をつけて満期にお金が支払われるタイプのものもあります。
これらは、お金を受け取ることができる状況を制限して、お金の自由度を制約するものです。また、お金の運用という面から見ても、手数料が高いために運用の効率は悪いと言わざるを得ません。保険に貯蓄機能を求めるのはやめましょう。

TOPIC 11
お金は賢く使う

ガン保険に加入するのは損！

- 健康保険の高額療養費制度は頼りになります。
- ガン保険を含めて民間生保の医療保険は不要です。
- 医療保険に加入する保険料を貯蓄・運用にまわしましょう！

限度額を超えると健康保険が負担してくれる

人間、誰しも病気について漠然と不安を持っています。その不安についてお金を使うと、不安が解消されたかのように錯覚します。

医療保険は、この人間心理を突いた商品です。「独身だから死亡保険金は必要ないけれど、病気は怖いし、入院費用がかかるかもしれないから医療保険には入っている」などが典型的な例でしょう。

しかし、**基本的に医療費についての心配は無用**です。

あまり知られていませんが、**健康保険には高額療養費制度があります**。高額療養費制度とは、医療機関の窓口で支払った額がひと月で一定額を超えた場合に、その超えた部分を支給する制度です。

たとえばかかった医療費が１０００円だったら、実際に支払うのは３００円（健康保険3割負担）です。

ですが、医療費が１００万円になった場合、支払うのは30万円とはなりません。自己負担の

高額療養費制度のしくみ

（例）70歳未満、年収約370～770万円の人が100万円の医療費がかかり、窓口負担が30万円（健康保険3割負担）だった場合

※入院時の食費負担や差額ベッド代等は含まない

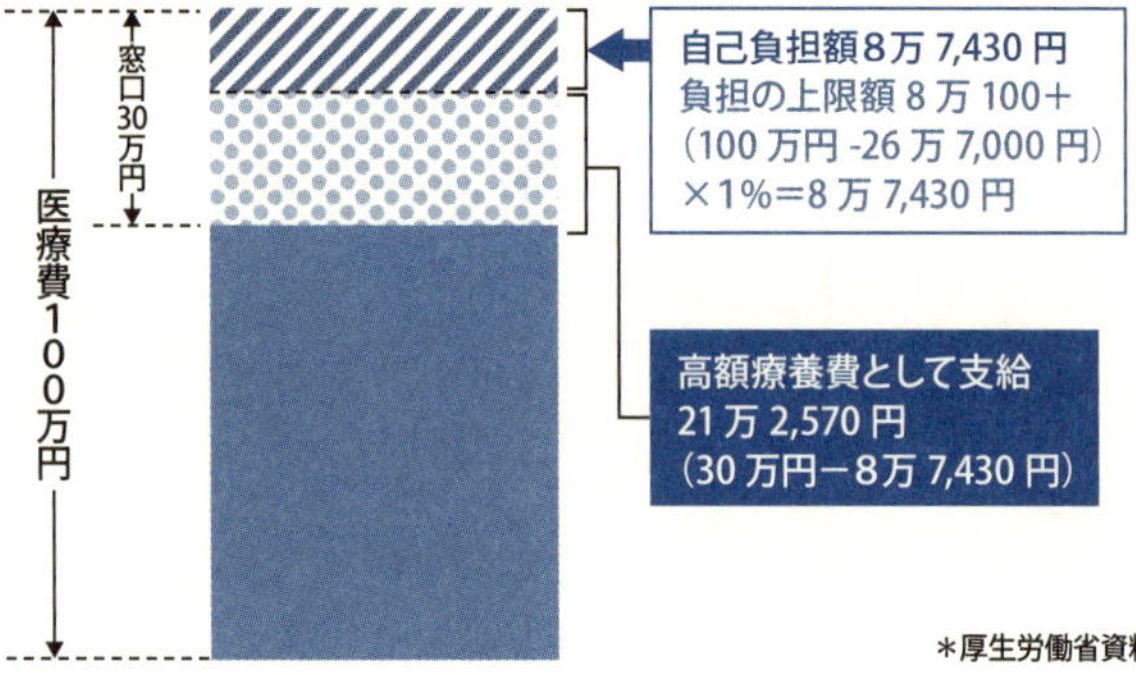

＊厚生労働省資料より作成

限度額が決められており、**限度額を超えた分は健康保険が負担してくれます。**

自己負担の限度額は所得によっても異なりますが、仮に月収が40万円くらいであれば、1ヶ月あたり約9万円（窓口支払いが30万円の場合）です。

この程度であれば、貯蓄から十分まかなえるでしょう。

ガンは「よくある心配ごと」だから保険の対象として適さない

最近、人気を集めているガン保険も医療保険の一種です。

ガンは怖いという心理をうまく突いたようで、加入する人が多いようですが、**ガン保険も「ひどく損な賭け」です。**

そもそも、保険は「めったに起こらないけれど、万が一、起こった場合に自分で負担できないリスクを負担するために、多くの人を集めて対処するしくみ」です。

ガンはおそろしい病気ですが、2~3人に1人がかかる病気でもあります。

保険の趣旨である「めったに起こらないリスクに集団で対処する」とは正反対の**「よくある心配ごと」ですから、そもそも保険のしくみには不向きです。**

しかも民間生保の医療保険は「５０００円の医療クーポン券を１万円で買う」くらい割高と言われています。

保険料分を貯金か投資にしておくほうが得ですし、もちろん病気にならなかったときには自由に使うことができます。

医療費は健康保険で対応する。
それ以上かかるお金は預貯金や運用で準備する。

これが将来の病気への経済的対処策です。

ガンに対する心配は、医療保険ではなく、健康管理と貯蓄・投資で解消しましょう。医療費について過度な心配をする必要はありません。

高額療養費制度を利用するには？

（例）70歳未満、年収約370～770万円の人が100万円の医療費がかかり、窓口負担が30万円（窓口負担3割）だった場合

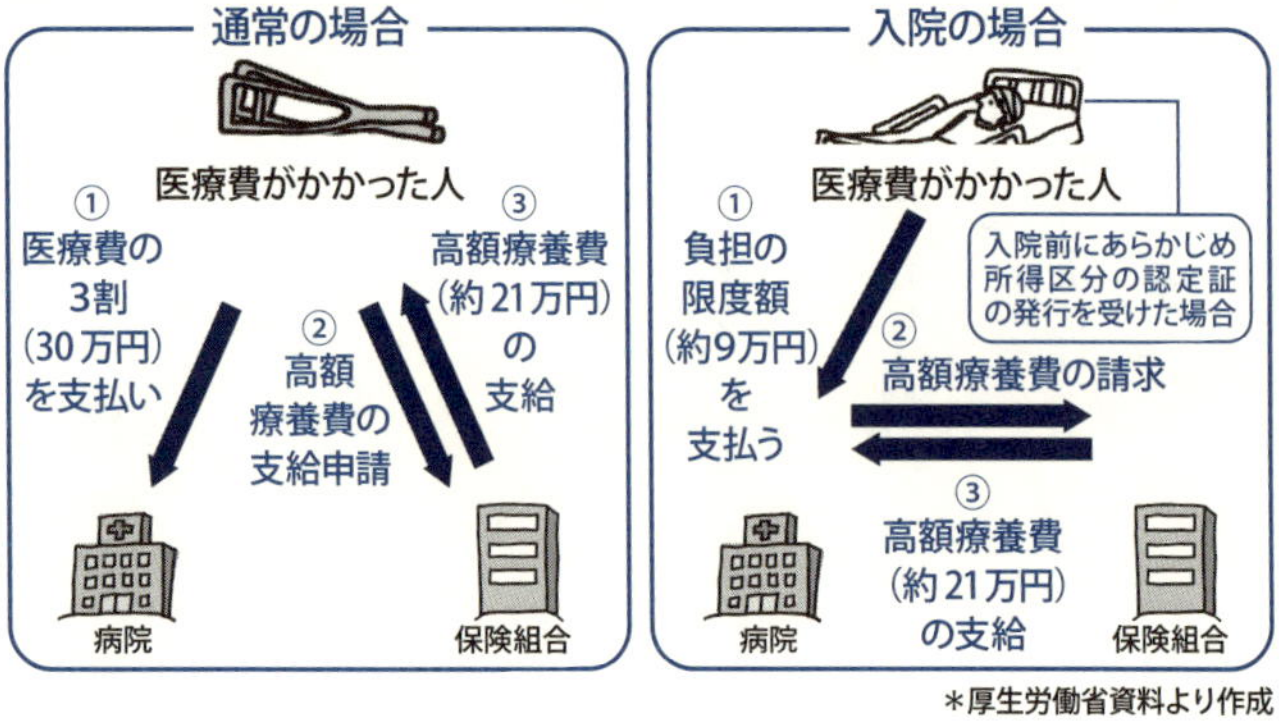

＊厚生労働省資料より作成

負担の上限額

▶▶ 70歳未満の場合

所得区分	ひと月あたりの自己負担限度額
年収約1,160万円〜 健保：標準報酬月額83万円以上 国保：年間所得901万円超	25万2,600円＋(医療費−84万2,000円)×1%
年収約770〜約1,160万円 健保：標準報酬月額53〜83万円未満 国保：年間所得600〜901万円	16万7,400円＋(医療費−55万8,000円)×1%
年収約370〜約770万円 健保：標準報酬月額28〜53万円未満 国保：年間所得210〜600万円	8万100円＋(医療費−26万7,000円)×1%
〜年収約370万円 健保：標準報酬月額28万円未満 国保：年間所得210万円以下	5万7,600円
住民税非課税者	3万5,400円

▶▶ 70歳以上の場合

所得区分		ひと月あたりの自己負担限度額	
		外来(個人ごと)	
現役並み所得者 月収28万円以上などの負担3割		4万4,400円	8万100円+(医療費−26万7,000円)×1%
一般		1万2,000円	4万4,400円
低所得者 住民税非課税	II(I以外)	8,000円	2万4,600円
	I(年金収入のみの場合、年金受給額80万円以下など、総所得金額がゼロ)		1万5,000円

＊詳細はwebサイト等で確認してください
＊厚生労働省資料より作成

TOPIC
12
お金は
賢く使う

公的年金は縮むけれどゼロにはならない

- 公的年金は縮小していきます。
- 受給額は今の受給世代の2割減～3分の2程度になるでしょう。
- 楽観視はできませんが、破綻してゼロになるようなことはなさそうです。

親の生活の支出2割減をイメージしよう

日本の公的年金は自分が納めた保険料を積み立て、将来はその運用益を受け取るしくみではありません。**現役世代が納める保険料で高齢者の年金給付をまかなうしくみ**です。

将来、自分が受け取る年金額は、厚生労働省が発表する年金財政の検証を見ると予想できます。２０１４年に行われた最新の発表では、数通りのシナリオが紹介されていました。

なかでも、厚生労働省が予想するのは、**「現役世代の平均賃金の50％をギリギリ守れるかどうか」**という結果です。現在の受給額は現役世代の平均賃金の約60％なので、現在の年金受給者よりざっと2割減の金額になる、という計算になります。**現在の年金受給者の8割ほどの支出で生活するイメージ**で、これが楽観的な予想です。

受給額はよくて2割減。悪くて3分の2

とはいえ、私が一番現実に近いと感じたのは、積立金が枯渇するというもっとも悲観的なシナリオです。

それでも、受給額はゼロにはなりません。年金は積立金が枯渇したとしても、現役世代からの保険料があります。積立金が枯渇し、現役世代からの保険料のみで受給をまかなう場合、**受給額は現役世代の収入の39％**。**約4割が目安になります**。

約60％が約40％になるということは、3分の2程度になるということ。現在の高齢者の年金受給額が月々20万円なら、将来は13万円になるイメージです。

うまくいっても16万円、最悪のシナリオでも13万円。公的年金の受給額はこの程度に縮小すると考えておきましょう。

結論として、**「公的年金は確実に縮小するだろうが、破たんしてゼロになることはなく、ある程度は残るだろう」**ということです。

政府からのメッセージを受け取ろう

現在、政府は確定拠出年金（↓153ページ）やＮＩＳＡ（↓158ページ）など、個人でお金を運用する制度を拡充させています。

これは**「年金の縮小分は自分である程度準備してください。制度は用意しましたよ」という政府からのメッセージ**だと考えるべきでしょう。

それなりの準備は必要ですが、さほど恐れる必要はないと考えられます。所得にもよりますが、破たんを見込んで公的年金に加入しないのは、おそらくかしこいとは言えない行為でしょう。

なお、公的年金に加入していないと、確定拠出年金に加入できません。

年金の将来推計（厚生労働省の年金財政）

ケースE

（実質経済成長率2024 年度以降 20〜30 年 0.4%）

2043 年度以降は「所得代替率 50.6%」が維持される

年度（西暦）	2014	2030	2050
①標準的な厚生年金の額	21万8,000円	23万1,000円	26万6,000円
②現役世代の平均賃金	34万8,000円	40万8,000円	52万7,000円
所得代替率（①／②）	62.7%	56.5%	50.6%

ケースH

（実質経済成長率2024 年度以降 20〜30 年 ▲0.4%）

2036 年度に「所得代替率 50.0%」に達し、その後も機械的に給付水準の調整を続けて財政を均衡させた場合、2055 年度に積立金がなくなり、完全な賦課方式になる

年度（西暦）	2014	2030	2055
①標準的な厚生年金の額	21万8,000円	20万7,000円	17万8,000円
②現役世代の平均賃金	34万8,000円	38万4,000円	45万6,000円
所得代替率（①／②）	62.7%	53.8%	39.0%

注1　：所得代替率 50%を下回る場合は、50%で給付水準調整を終了し、給付および負担のあり方について検討を行うこととされている

注2　：平成26年財政検証で設定された長期の経済前提（8ケース）から抜粋して「ケースE」「ケースH」の2通りを示す

＊厚生労働省「平成26年財政検証結果」より作成

老齢年金の受給イメージ

- ▶65歳以降、国民年金から「老齢基礎年金」を終身にわたって受け取ることができる
- ▶保険料を納めた期間が長ければ長いほど（上限は40年：480月）、老後に受け取る年金も多くなる
- ▶厚生年金に加入していた期間については「老齢厚生年金」が上乗せされ、年金額は過去の報酬と加入期間に応じて決まる

	国民年金の夫婦の例		厚生年金の夫婦の例	
	夫	妻	夫	妻
上乗せ年金（2階）			老齢厚生年金 月額 約9万1,000円 【40年加入の標準例】	
基礎年金（1階）	老齢基礎年金 月額 約6万5,000円 【40年納付】	老齢基礎年金 月額 約6万5,000円 【40年納付】	老齢基礎年金 月額 約6万5,000円 【40年納付】	老齢基礎年金 月額 約6万5,000円 【40年納付】
	合計 月額約13万円		合計 月額約22万1,000円	

標準的な厚生年金の額（夫40年加入、妻専業主婦）の現役世代（男性）の平均賃金に対する比率（所得代替率）は、平成26年（2014）では62.7%

＊厚生労働省資料より作成

TOPIC 13
お金は賢く使う

金融業界があおる老後不安に騙されるな！

- 老後不安につけこまれないようにしましょう。
- 老後の具体的な生活水準が見えると、貯蓄への意識が変わります。
- 老後には支出を控えましょう。

老後不安は金融業界があおっている

ぜひ知っておいてほしいのは、**世の中に蔓延する「老後生活の不安」を、金融業界がビジネスに利用している**ということです。

金融業界にとって老後不安は大きな商材。不安を駆り立て、有利とは言えない金融商品を

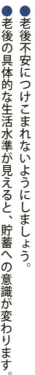

購入させようとしています。

たとえば個人年金保険は利率も悪く、積立期間も長い代表的な〝避けるべき〟商品ですが、老後対策としてすすめられることが多くあります（→64ページ）。

不安につけこまれて、合理的ではない選択をしないよう注意してください。

対策① 保有純資産額をざっくりつかむ

そうは言っても年金が縮小していくのは確実ですから、準備と対策は必要です。

まず、現在の保有純資産額を**【換金可能な時価評価額－債務額】**でざっくり計算しましょう。

時価評価額には、金融資産はもちろん不動産

老後の生活をざっくり考える

①老齢年金	日本年金機構から送られてくる「ねんきん定期便」で受給額の目安を知ろう。受取額は実質価値で年率1%ずつ減価していくことも覚悟する	合計 ○○万円／月 ⬇ 生活費に合わせて生活レベルを変える！
②現在保有している資産額 ÷ 360ヶ月	資産額は【換金可能な時価評価額－債務額】でざっくりつかむ。95歳まで生きると仮定すれば、360で割ると1ヶ月に取り崩せる額が計算できる	
③老後の生活費をイメージする	貯蓄・運用・老後の働きによる稼ぎを考える	

なども入ります。現実的に売却できる資産の価格で考えます。

現在の保有純資産額がわかったら、３６０で割ります（→１４８ページ）。

65歳でリタイアしたら、95歳まで３６０ヶ月（＝30年）だからです。現在の保有純資産額が３６００万円なら月々10万円。つまり**老齢年金の見込額＋10万円が、「リタイア後、１ヶ月に可能な支出額」になります**。

あとは、リタイアまでにどれだけ資産を形成できるかです。

対策②現役時代に貯蓄に励む

何より大きな対策は、貯蓄に励むことです。

老後の収入の見込みがなく、かつ年金もない場合を考えてみましょう。

現役時代に手取り給与の30％を貯蓄すると、単純計算で現役時代の70％の支出を25・7年維持できます。65歳でリタイアするとしたら、90・7歳まで生活できるわけです。

実際には高齢になると支出が減り、子育ても終わっています。公的年金もありますから、25％も貯蓄すればそれなりに「安全圏」と言えるのではないでしょうか。

対策③老後の生活スタイルを考える

公的年金が「20万円から13万円に」と思うと（→71ページ）、「生活できない」と暗い気持ちになるかもしれませんが、仕送りで暮らした学生時代、お金のない若い時代にも、それなりに暮らしていたはずです。

新興国の生活コストや年々の技術進歩を考えると、生活の仕方を工夫すれば十分、文化的に楽しく暮らせるのではないでしょうか。

第一、**お金がない人が増えれば、その人達向けの新しいビジネスも生まれます。**現役時代と同じ生活レベルではなくても、生活が成り立たないほどではありません。

もっとも効果的なのは元気で働くこと

もっとも現実的な老後対策は、リタイア後も働くことです。現役時代と同額はむずかしくても、**健康であればある程度の収入を得ることが可能なはずです。**もちろん、定年後にも働いて稼ぎ続けるには、キャリアプランを立てて準備する必要があります（→35ページ）。

手取り給与の30%を貯蓄したら？

（例）生涯、手取り給与が30万円

毎月の貯蓄額と支出額

手取り給与 30万円 × 30% ＝ 毎月の貯蓄額 9万円

手取り給与 30万円 ― 毎月の貯蓄額 9万円 ＝ 毎月の支出 21万円

42年間の貯蓄額

毎月 9万円 × 12ヶ月 × 42年 ＝ 貯蓄額 4,536万円

65歳から現役時代の70%の支出で生活するなら

貯蓄額 4,536万円 ÷ 月々の支出 14万7,000円 ＝ 約308.6ヶ月

308.6ヶ月 ÷ 12ヶ月 ＝ 25.7年

90.7歳（65歳+25.7年）まで現役時並の生活レベルを保てる！

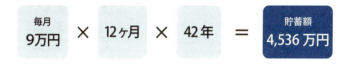

TOPIC
14
お金は賢く使う

ギャンブルは投資でなく教養娯楽費と考える

- ギャンブル代は「投資や運用」ではなく「教養娯楽費」です。
- 期待値とリスクのバランスをとるトレーニングになります。
- 分不相応なギャンブルはＮＧです。

馬券1万円でコンサート1回と同等のロス

私は週末ごとに馬券を買う競馬ファンです。きっかけは、若手社員時代に為替のディーリングの部署から異動になったこと。刺激的で楽しい部署から異動になってしまったので、1週間に1度くらいは頭を使おうと始めたのがきっかけでした。

ギャンブルを悪ととらえる人もいますが、**「娯楽」として、また「教養」としての効用**があります。

ギャンブルは娯楽ですから、分相応な楽しみ方をすべきです。日本の公営ギャンブルは競馬で25％（馬番単勝式馬券の場合）、宝くじは50％以上が胴元の取り分。残りを参加者で再分配します。

競馬の場合、**平均すると賭け金の25％ロスする計算になります**。つまり、1万円を賭けた場合、平均的に失うのは2500円程度。**「コンサートに行くよりダービーを見たい」人なら、娯楽費として悪い額ではないでしょう。**

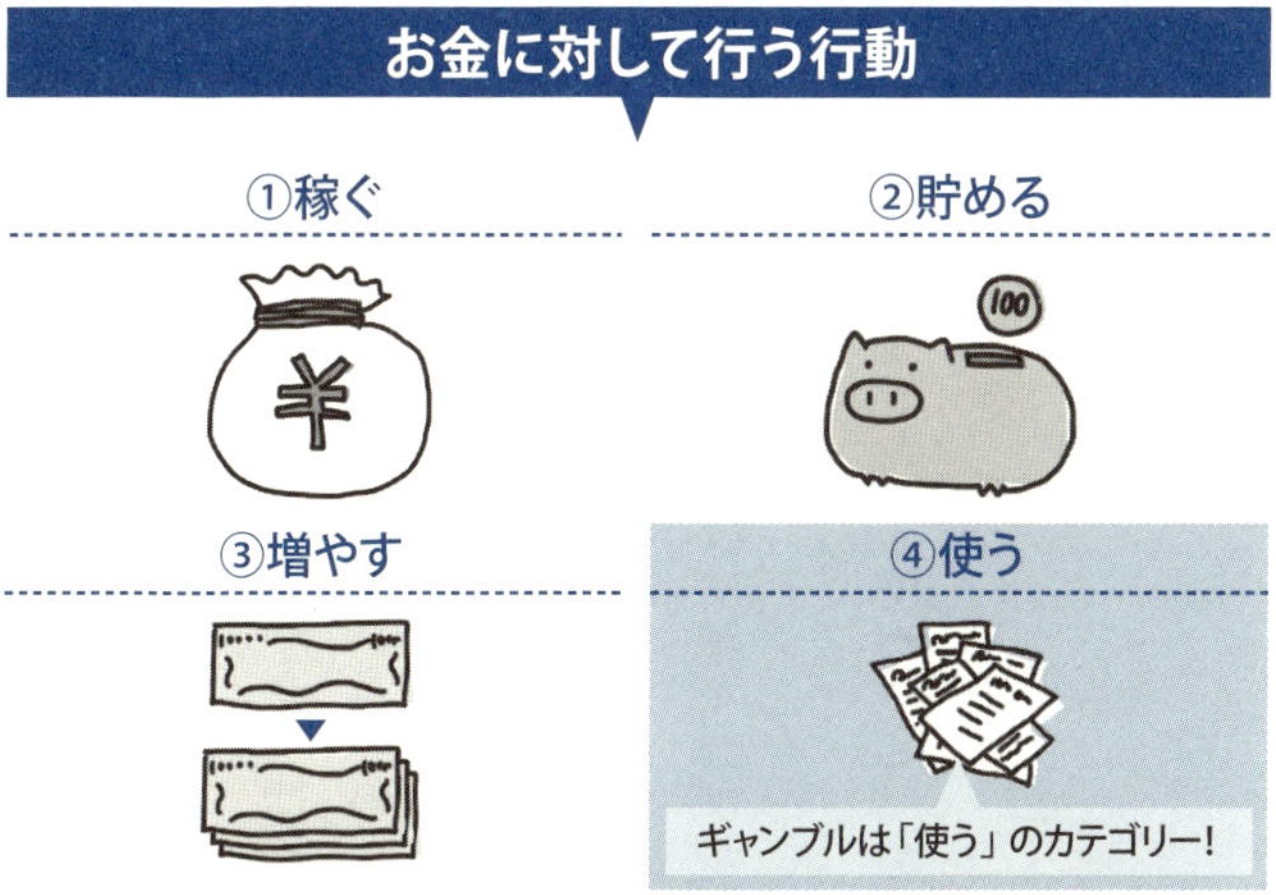

ギャンブルの動機は「増やす」ことだし、「増える」こともあるが、これは結果。
普通は大半の人が損をする。「お金を使って楽しむもの」と捉えよう

娯楽費は生活に影響しない範囲で

ギャンブルを行う際は、リスクも考えるべきです。

1ヶ月間、土日に1万円ずつ馬券を買うと、最大の損失額はざっと8万円です。期待値で考えると平均的に25％（2万円）ロスしますが、リスクで考えると最大では8万円のロスになります。

1ヶ月8万円失うと生活が成り立たないなら、馬券の購入額を下げるべきでしょう。**最大ロスしても生活に影響を与えない範囲で買うなら、娯楽費を生活に組み込める**わけです。

1回につきいくら、ひと月にいくら使うかはその人の家計次第。これは、ギャンブル以外の娯楽費に対しても同様に考えることができます。

言うまでもありませんが、**娯楽は借金して行うことではありません**（→85ページ）。分不相応というだけでなく、依存症の可能性もあります。

期待値と娯楽費、リスクと生活費のバランスをとる

賭け金 1万円

- **1回の平均ロス 2,500円**
  コンサートに1回行く程度の費用。コンサートよりダービーを見たいなら使う価値がある
- **1月の最大ロス 8万円**
  土日両日に馬券を買うと、1ヶ月で8万円
  (1万円×2日×4週間)

賭け金 5,000円

- **1回の平均ロス 1,250円**
  ランチ+コーヒーか薄い単行本程度の費用。ダービーと比較して自分がどちらが楽しめるかを判断する
- **1月の最大ロス 4万円**
  土日両日に馬券を買うと、1ヶ月で4万円
  (5,000円×2日×4週間)

賭け金 1,000円

- **1回の平均ロス 250円**
  缶ビール1本程度の費用。ビールを飲むよりダービーを見たいなら、使う価値がある
- **1月の最大ロス 8,000円**
  土日両日に馬券を買うと、1ヶ月で8,000円
  (1,000円×2日×4週間)

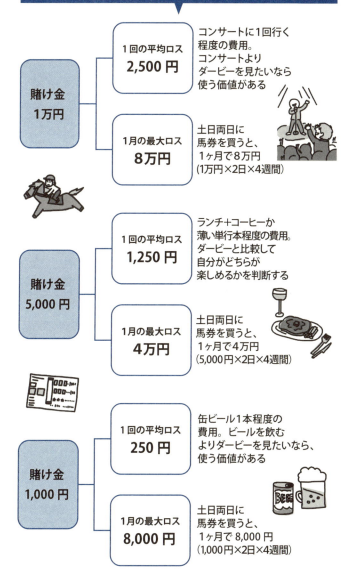

教養としての効用もある

さて、ここで説明したことは**期待値とリスクの考え方の話**でもあります。この考え方は株式投資をはじめとする運用と基本的に同じです（↓96ページ）。

ギャンブルには運・不運とのつき合いを学ぶ教育効果もあります。また「この条件だとこう予想できるから、儲かる確率を上げるにはどうすればいいか」と頭を使いますから、**思考のトレーニングにもなります。**

正しくつき合うなら、**ギャンブルには教養としての効用があります。**私は自分の子供にも教えたいと思っています。

One Point Advice !

ギャンブルで
人生を学ぶこともできる

真剣に頭を使ってギャンブルをしていても、自分の思うとおりにならないことがままあります。

実は、この経験もギャンブルの効用と言えます。世の中には自分の思うに任せない物事が多々あります。誰もが頭ではわかっていることですが、体験で知ることは大切です。

失恋、受験の失敗、仕事、お金の運用でも同様の経験をすることがありますが、賭け金の額が深刻ではないギャンブルで「何もかも思い通りにはいかない」ことを知るのは、有効な精神的予防注射でしょう。

TOPIC 15
借金とは付き合わない

借金は複利で雪だるま式に増える

- リボルビング払いを使うのはおろかです。
- 複利の計算を知っておきましょう。
- 借金は複利で増えていきます。

リボルビング払いする恋人とは結婚するな

私は毎年、大学の授業で学生に「クレジットカードのリボルビング払いで買い物する人とは結婚しないほうがいい」とアドバイスしています。**リボルビング払いは高金利の借金です。**経済観念の乏しい人と結婚したら苦労するでしょう。リボ払いは気楽に利用しがちですが、借金への入り口です。避けましょう。
借金を避けるべき理由は2つあります。まずは利息が非常に高いことです。法律で定められた借金の利息は、10万円未満で最高20％、10万円～100万円未満で最高18％、100万円以上の場合は最高15％。

株式投資で期待できるリターンはおおむね5～6％であることと比較すると、借金の利息は「べらぼうに高い」と言えます。

単利と複利の違い

借金を避けるべき2つ目の理由は、元本利息ともに複利で増えていくことがもたらす意外なスピードでの借金の拡大です。

年率18％で10万円を借りると、利息は1万8000円。返済しないと1年後に借金が11万8000万円になります。2年目以降は、元金と利息の合計額に対して利息がかかります。そのため、2年後の利息は2万1240円です。借金総額は13万9240円になります。

利息を元本に組み込まない単利計算なら13万6000円ですが、借金の場合そうはいきません。2年目にして早くも3240円もの差ができます。

単利と複利のイメージ図

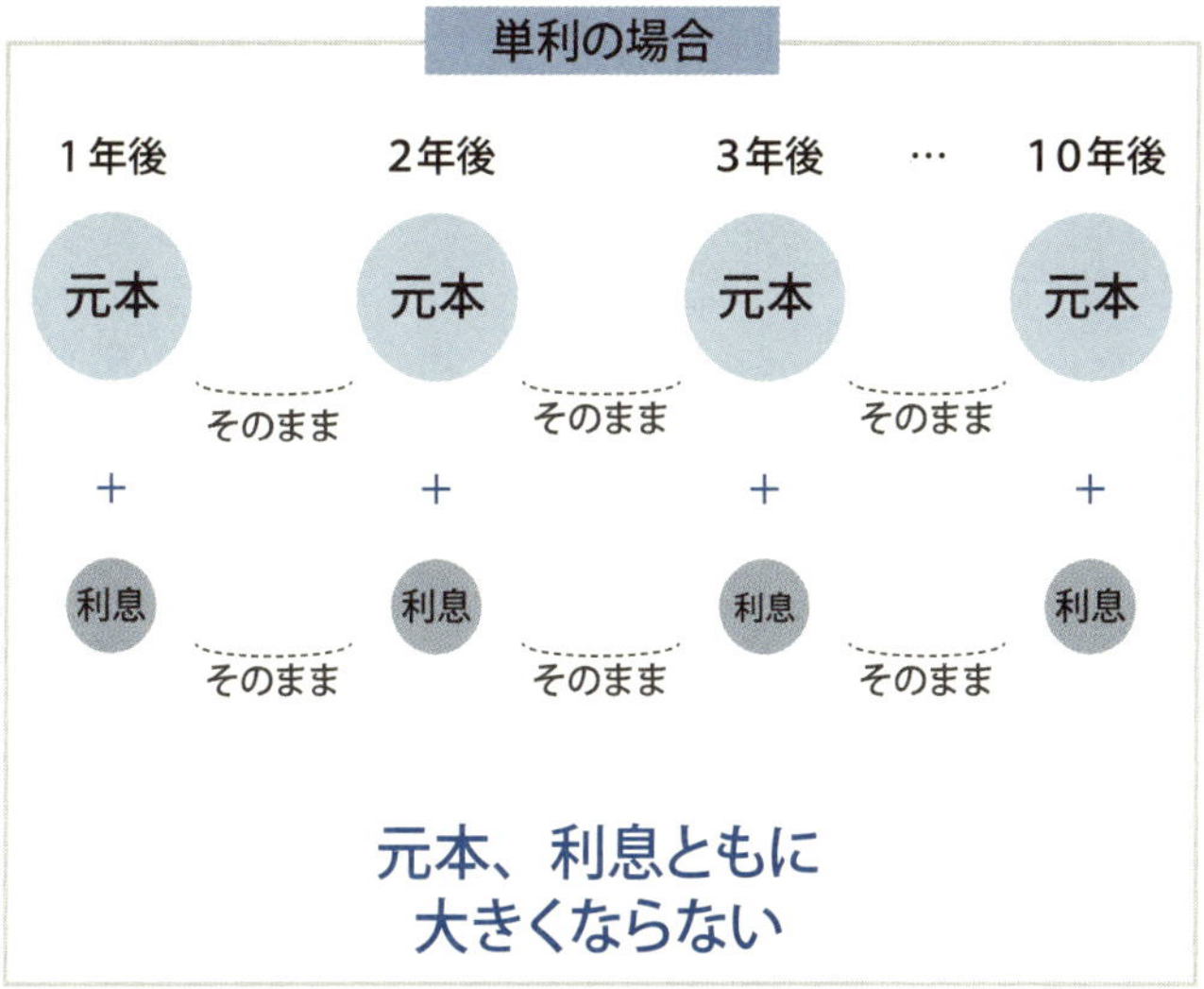

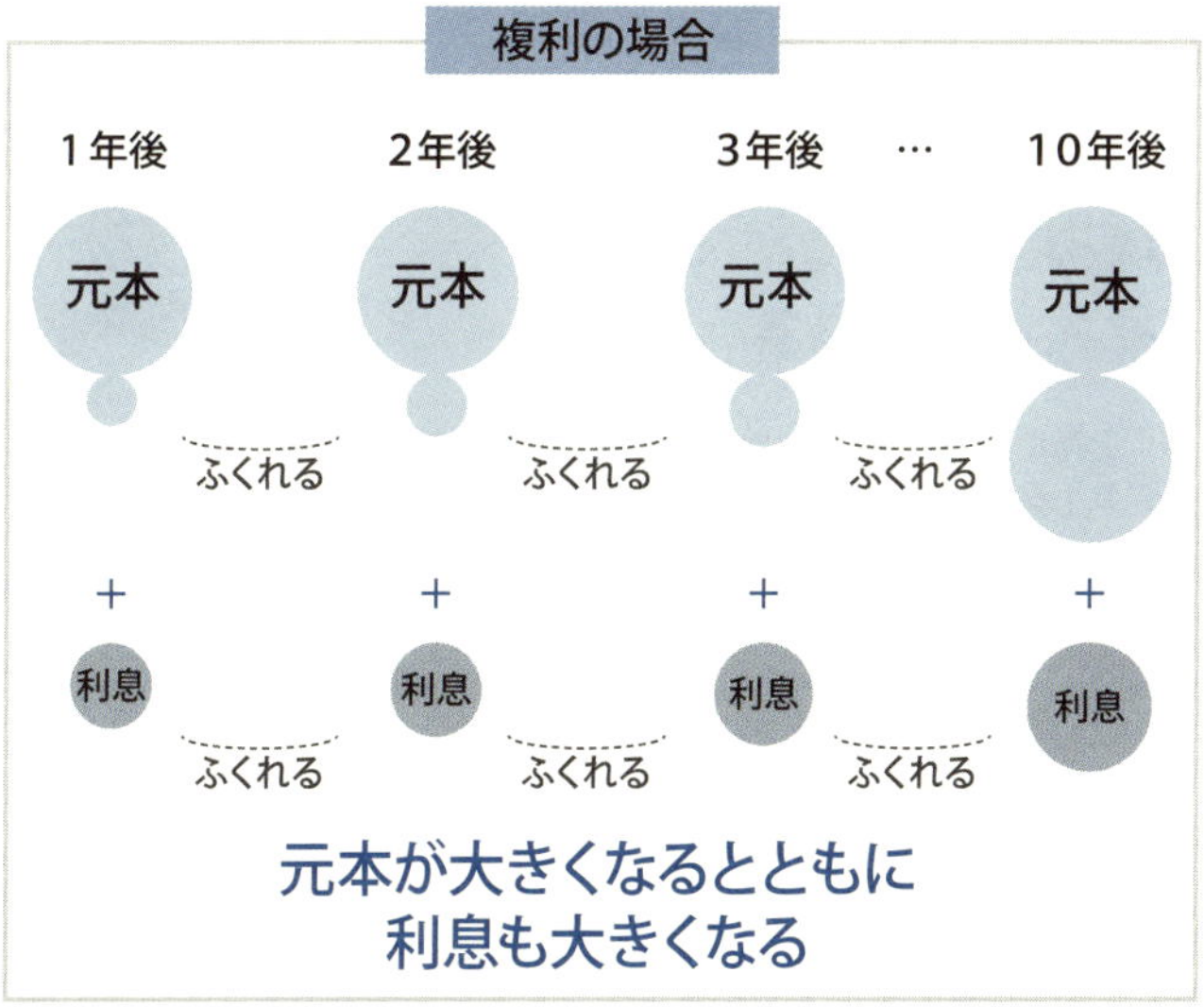

複利計算の影響の大きさが実感できるのではないでしょうか。**10万円を年率18％で借りて、返済しないままだと4年ほどで借金は約20万円と倍にふくれあがります。8年後は約38万円と雪だるま式です。**

ちなみに、複利の計算は運用でも同じです。「借金」が「元本」になります。100万円を10年間運用した場合、単利利回り6％で160万円になるのに対し、複利5％だと162万8895円です。**単純に利回りだけで判断すると、損をする可能性があるので注意しましょう。**

複利で運用する場合、「元本が2倍になる利率と運用年数」を割り出せる「72の法則」という簡便な計算法があります。

One Point Advice !

運用も複利で考えるのが基本

運用の際にも、利回りが単利か複利かを確認することが大切です。

たとえば他の条件がすべて同じ金融商品で、利回りが複利で年率5％、単利で6％だった場合、どちらが有利でしょうか。仮に元本100万円の場合、10年後には複利5％のほうが2万8,895円上回ります。

この単利と複利の差を利用して、消費者を惑わせる金融商品の広告があります。利回りを大きく、「単利」を小さく書くようなものもありますので、冷静に判断しましょう。

金融商品の損得は、「複利」で評価するのが基本です。

利息18%で10万円借り、返済しないときの借金額

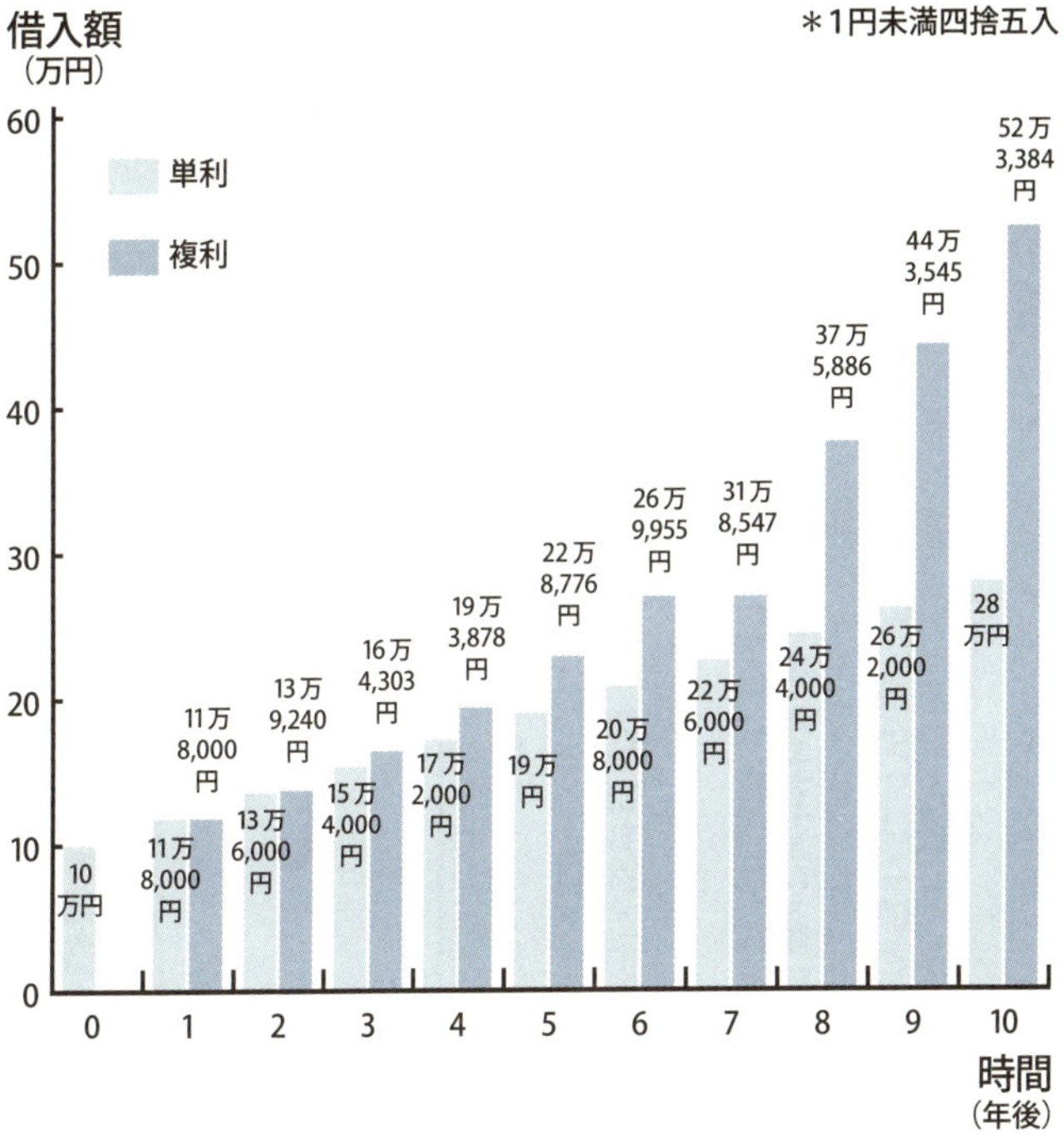

複利で2倍になる年数を計算する

元本が2倍になる利率と運用年数とを掛け合わせると、だいたい72になる！

2倍になる年数 ＝ 72 ÷ 利率（%）

（例）利回り3%で複利運用する場合

72 ÷ 3 ＝ 24 ➡ 24年で元本が倍になる！

TOPIC
16
借金とは付き合わない

借金返済に勝る運用はない

●原則として、個人が借金をしていいケースはありません。
●リターンだけで金融商品を比べることはできません。
●借金を返してから運用したほうが効率的です。

消費者金融も銀行も金利が高いのは同じ

原則として、個人が「していい借金」はないと考えてください。

あえて借金をしていいのは会社だけです。会社は経営のために借り入れをすることがありますが、それはビジネスとして綿密な計算をして行うものです。

もちろん会社にしても、お金の運用という面では借入金は不利になります。

大企業はよい条件で銀行からお金を借りられますが、それでも運用による金利より**借入金の利息のほうが大きくなります。**

個人の場合は借金の利息が高いのでなおさらです。消費者金融からであろうと、**銀行からの住宅ローンであろうと同じです。**

借金は時としてチャンスを活かす効果的な手段となることもありますが、原則として「損」なものです。

特に身の丈を超えた借金は絶対に避けるべきです。

借金返済はリスクゼロの稼ぎに相当する

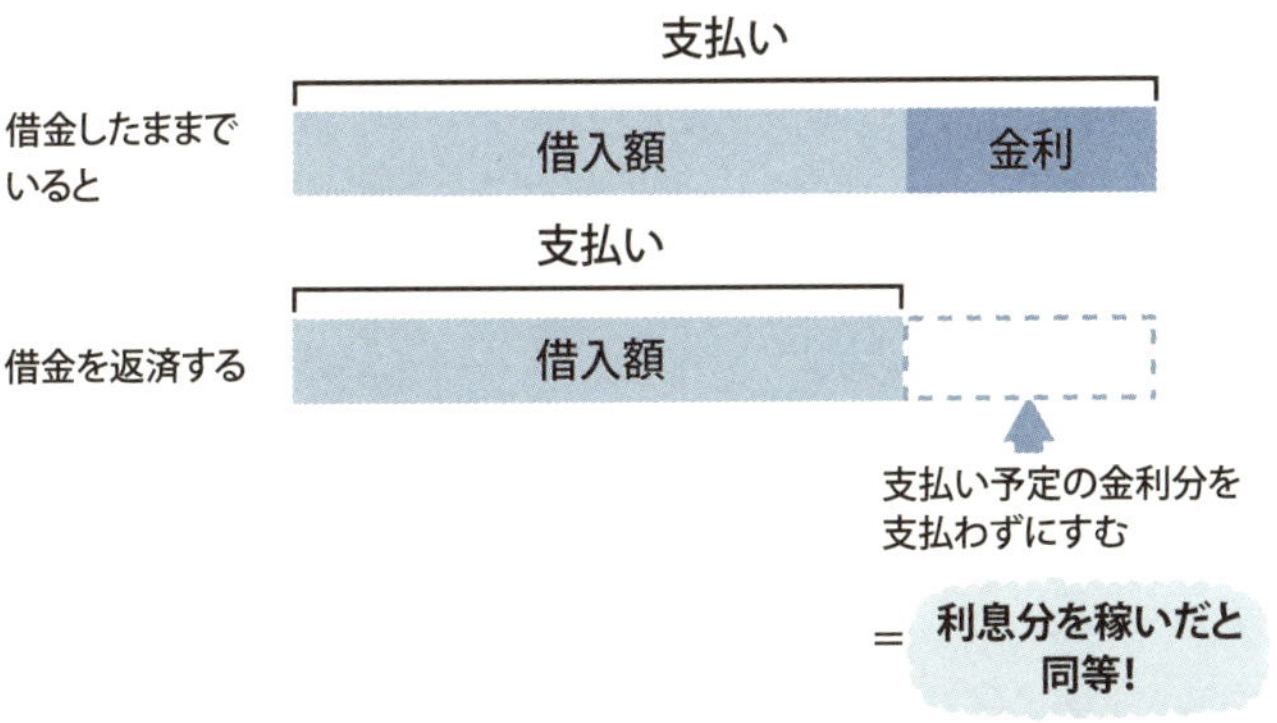

借金を返済してから運用を始めよう!

借金はリスクゼロの金融商品

仮に、２％の金利でお金を借りられるとしましょう。

借りたお金を元金にすることで、株式投資で運用すると仮定します。

株式に期待できるリターンは５％ですから、差し引き３％得な運用ができると考える人もいるかもしれません。しかし、これは間違いです。

利回りを考える際は、同じリスクを含むもの同士の比較で考える必要があります（↓96ページ）。お金の損得を判断する際には、リターンだけを比べるのではなく、リスクもあわせて考えなければいけないわけです。

そもそも、株式の期待リターン５％はそれなりのリスクを負ったうえでの収益率の期待値にすぎません。

一方、借金をしない、もしくは借金残高を全額、返済してしまえば、かかるはずの２％の金利がかかりません。これは、今の低金利の環境で**リスクゼロで2％もの利回りを確実に得られる絶好の機会だと考えることができます。**

ボーナスは運用よりも繰り上げ返済に

結論から言うと、金融商品での運用と借金返済のリスクとリターンを見比べると、ほとんどのケースで「借金返済に勝る運用はなし」です。

今、金利2％の住宅ローンを抱えていて、5％のリターンを期待できる金融商品を見つけたとしましょう。この場合も、「ボーナスが出たから買ってみようか」というのは間違いです。たいていの場合、ボーナスは住宅ローンの返済にあてたほうがいいと言えます。

借金をしたまま資産運用をするより、まずは返済をしたほうが効果的なのです。

借金の性格を知って、なるべく遠ざけよう

借金は早く返済すること

住宅ローンも含めて借金は損。貸す側は自分が儲かるから貸したがる

クレジットカードのポイントに惑わされない

クレジットカードのポイントは余計な消費を誘うエサ

個人間の貸し借りはしない

将来、返済されるかどうかわからず、返済も気が重いもの。同様に、借金の保証人にもならない

社債は買わない

社債を買うということは、企業にお金を貸すこと。一企業の信用力を判断するのは専門家でもむずかしい

借金はすみやかに返す

一般的には、借金をしながら運用するより、借金を返済した後で運用するほうが効率的

生活防衛資金を貯めておく

不意の出費に対処できるよう、3ヶ月分の生活防衛資金を普通預金にする
（→49ページ）

2章

運用の実践

お金は適切な場所に置いておくことで、お金自身が稼いでくれるという性質を持っています。個人投資家にはシンプルな運用法がおすすめです。運用の基本を身に付けて、実践してみましょう。

TOPIC 17
運用の基本

金融商品のリスクとは？ そしてリターンとは？

- リターンは投資収益率、リスクはリターンのブレ幅で、リターンの標準偏差で表します。
- 標準偏差は平均値からのバラツキを測るモノサシです。
- なるべくリスクの低いものを選びます。

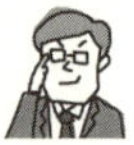

リスクとはブレ幅のこと

左ページの商品Aと商品Bなら、どちらが有利な商品でしょうか。リスクとリターンを加味すると、商品Aを選択するのが正解です。

運用におけるリターンとは、「投資収益（率）」です。たいていは将来、期待される収益の

リスクとリターンを合わせて考える

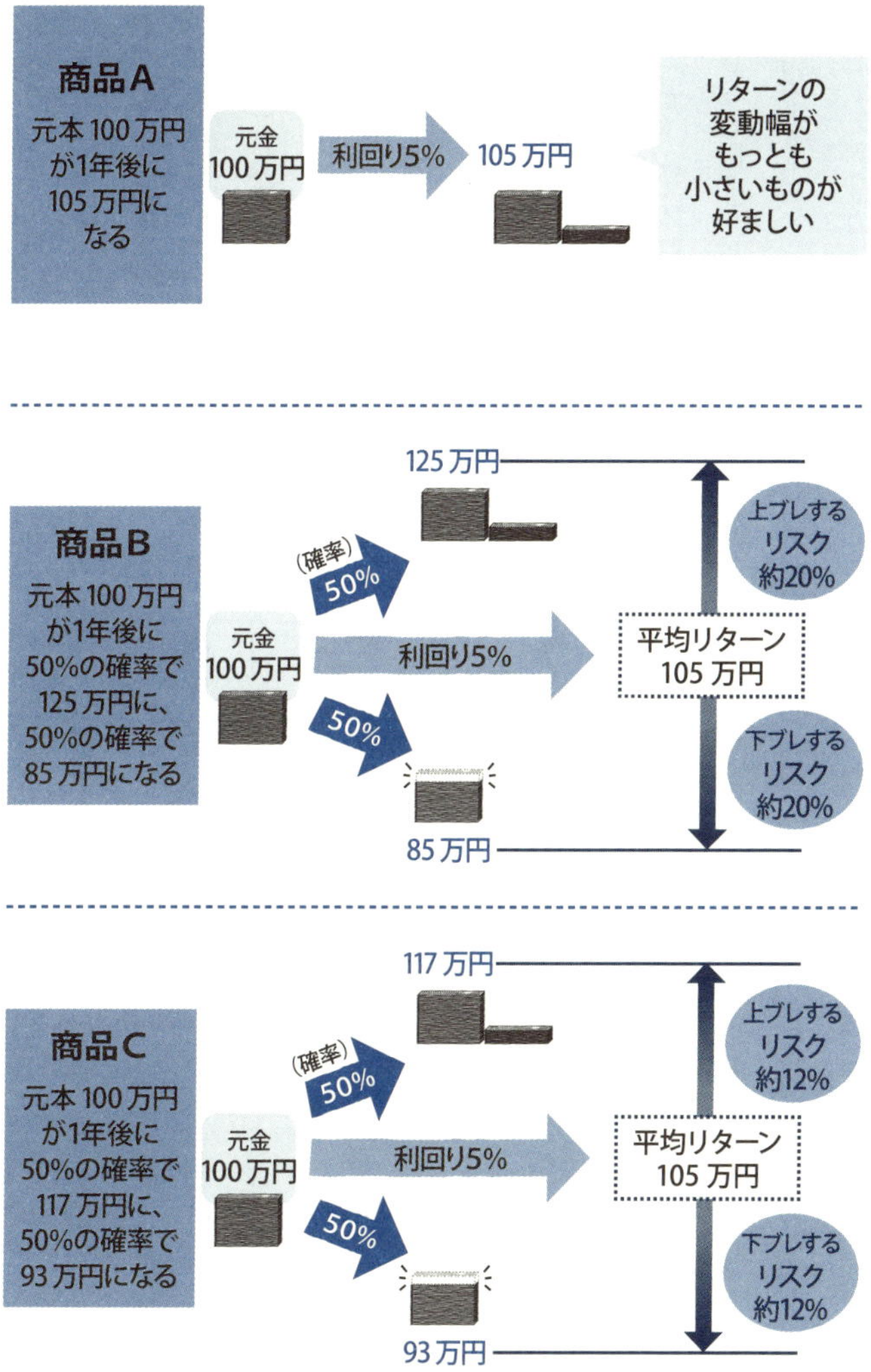

投資収益率（リターン）が同じでもブレ幅（リスク）が異なることを考えて、リスクが低い方を選択しよう

平均値で表します。商品Ａと商品Ｂの期待リターンはどちらも５％です。**運用におけるリスクとは、リターンのブレ幅のこと。**商品Ａは１０５万円になることが確実ですからリスクはゼロです。

一方の商品Ｂはリターンの期待値１０５万円から上下20万円ずつブレる可能性があります。これが商品Ｂのリスクで、リスクは上下ともに約20％と計算できます（１２５万円÷１０５万円≒１・19、85万円÷１０５万円≒０・81）。

リターンが同じなら、リスクがない商品Ａのほうが好ましいと判断できます。

さらに商品Ｃについても考えてみましょう。

50％の確率で１１７万円、50％の確率で93万円ですから、期待リターンは商品Ａ、商品Ｂと同じく５％です（１１７万円×50％＋93万円×50％）。

一方、リスクは上下ともに約12％になります（１１７万円÷１０５万円≒１・11、93万円÷１０５万円≒０・88）。つまり、商品Ｃは「商品Ａより不利」で「商品Ｂより有利」と言えるわけです。

なお、リターンが上方向にブレることもリスクと表現することに注意してください。

一般にリスクは危険性という意味で使われますが、**運用においては上下のブレを両方計算対象にして、「平均的なブレ幅（率）」として計算するのが一般的です。**

ほとんど±2標準偏差の範囲に収まる

たとえば株式投資の場合、将来の株価を正確に予想することはできませんが、**リターンの変動幅は「標準偏差」**で表すことができます。

標準偏差とは、簡単にいうと、**平均値から上下にどれくらいのバラツキがあるかを測るモノサシ**です。

標準偏差と正規分布

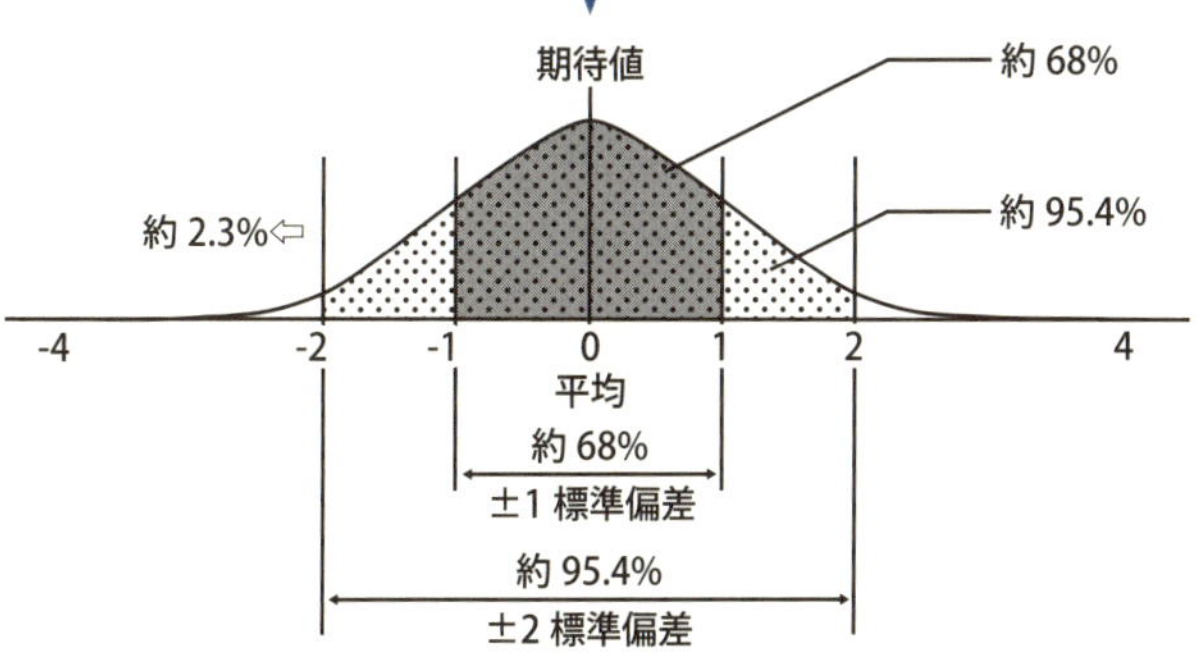

リターンの分布は平均値付近がもっとも多く、平均値から離れるにつれて少なくなり、約 95.4%はプラスマイナス2の中に収まる。金融の世界では、平均マイナス2標準偏差を「最悪」の目処として想定するのが一般的

計算の便宜上、正規分布で考えると、約95・4％が平均値から±2標準偏差の中に入ります。金融業界では、**平均マイナス2標準偏差の値くらいを最悪の目処**として想定します。

リーマン・ショックの年の株価は2標準偏差を下回ったのですが、これは±2標準偏差に収まらない事象が起こったと理解できます。

通常、1日でそこまでのマイナスになることは少ないので、マイナス2標準偏差の事態を「最悪」の目処としておくことで、途中で逃げ出すなどの対応をとることが可能になるでしょう。

TOPIC
18
運用の基本

自分の価値「人的資本」を考えよう

- 「人的資本」も加味してリスクを考えましょう。
- 人的資本には個人差があります。

自分を金融資産の一つと見立てる

お金を運用する際は、自分がどれだけリスクをとれるかを考えなければいけません。

その際に必要なのが**「人的資本」**という発想です。

人的資本は自分を金融商品と見立てた株価のようなもの。**将来、どれくらい稼げるかを現**

在の価値に評価したものです。
人が持つ資産には人的資本と金融資産があると考えられるわけです。

人的資本は年と共に減っていく

単純に60歳の人より30歳の人のほうがこれから稼ぐ額が多くなるでしょうから、人的資本も大きくなります。

一般的には、年をとるにつれて人的資本は小さくなっていきます。

その代わり、**年をとると金融資産は大きくなる**のが一般的です。自分の人的資本が減る分を金融資産で補っていくことができると好都合です。

若い人はリスク資産多めでOK

大まかに言えば、**若い人は人的資本が大きく金融資産額が小さいので、金融資産の大半をリスク資産に割り振っても問題ありません。**

逆に言えば資産のほとんどが金融資産、という年配者はリスク資産に割く割合を低くする必要があるかもしれません。

よく「若者が運用でリスクをとっていい」理由を「長期投資はリスクが縮小するから」と説明されることがありますが、これは間違いです（→181ページ）。「人的資本が大きい分、金融資産の運用でとるリスクが相対的に小さくなるから」です。

金融の専門家の知識の正確性を測る際にチェックポイントになるので、覚えておくとよいでしょう。

人的資本には個人差がある

人的資本を厳密に測ることはできません。

しかし、生涯年収3億円程度のサラリーマンで、健康な若者であれば、少なく見積もっても1億円以上の人的資本を持っていると考えられます。

ただし、**人的資本には個人差があります**。若くても、病気などの事情で収入を得るのがむずかしい人は人的資本が小さいので、リスク資産に大きく投資することは不適当です。

また、高齢者でも金融資産が大きい場合は、リスク資産に多く投資しても問題ありません。たとえば5億円あり、生活は2億円で十分という場合は、残りの3億円をリスク資産に投資しても大丈夫です。

若者と高齢者は人的資本が異なる

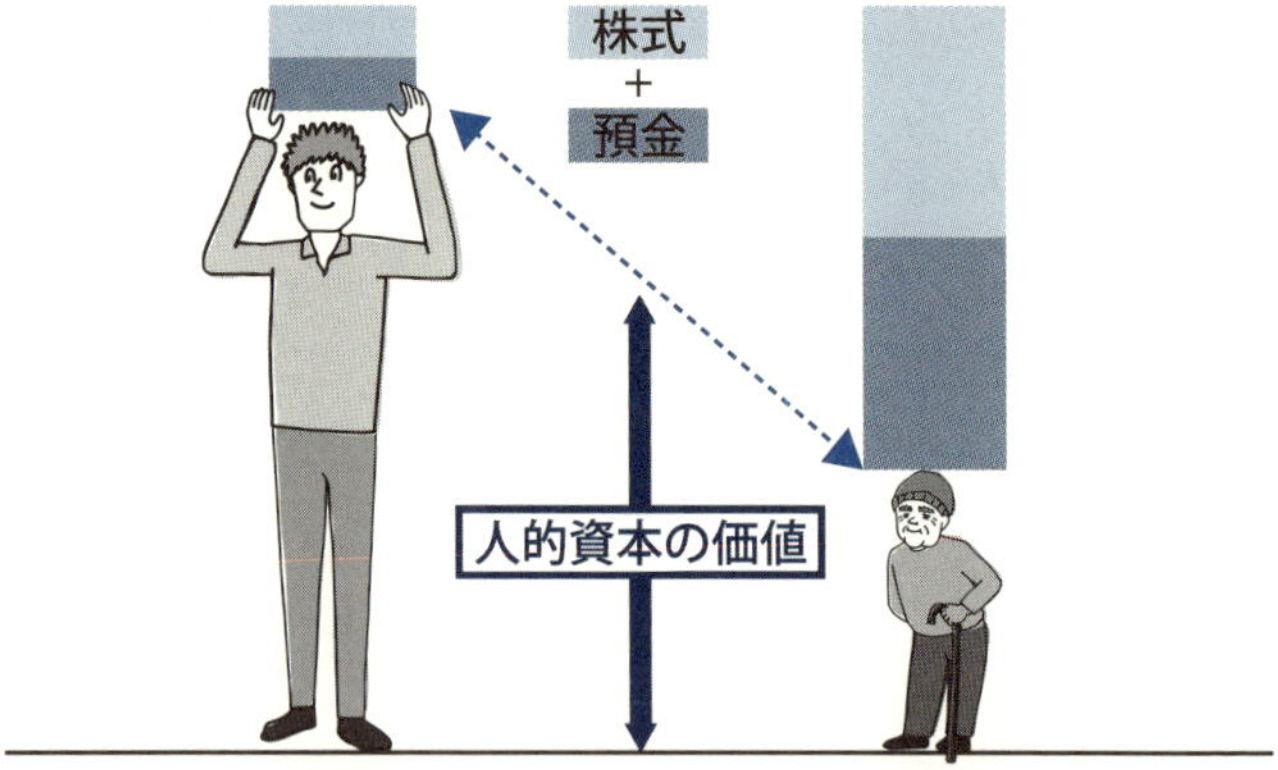

One Point Advice !

潜在的な負債にも個人差がある

人的資本に個人差があるように、潜在的な負債も人それぞれあります。

たとえば、一般的に人的資本が豊富な若者でも、子供が多くて養育費の負担が大きくなることが予想される場合には、リスク配分などに注意が必要です。また、高齢者でもローンや介護費用の負担などがない人は、潜在的な負債が小さいと考えられるため、リスク配分を高められるかもしれません。

今後の人生で考えられる出費を潜在的な負債として計算し、リスク資産への割り振りを考えましょう。

TOPIC 19
運用の基本

最悪のケースを考えよう

- リターンが大きい金融商品はリスクも大きくなります。
- リスク資産でも換金性の高い商品なら万が一の備えになります。
- 分散投資なら短期間で価値がゼロにはなりにくいです。

生きる知恵として最悪の範囲を決める

一般的に、**リターンが大きい金融商品には大きなリスクがあります**。どうしても「どれだけ儲けられるか」に目が向きがちですが、**最悪のケースについて考える**ことが大切です。

あらかじめ**「最悪ここまで」と範囲を決めたうえで、その範囲内で物事を決定する**のは、有効な知恵と言えます。
たとえば1年間に300万円までなら損をしても大丈夫、と決まれば、よく分散投資された株式投資の場合（→114ページ）、最悪のケースで1年に3分の1ほどのロスが目処なので、約900万円まで投資できるとの判断が成り立ちます。

会社の決算書風に整理しよう

とれるリスクの大きさは個人の状況や人生観によって異なりますが、**まずは自分の資産を把握することが大切**です。会社の決算書（貸借対照表と損益計算書）の考え方を用いて考えてみましょう。

図のケース①では、合計で3000万円の資産がありますが、ローンが2500万円残っているので、**実質的な保有純資産は500万円です。**ちょうど年間支出と同額なので、実質的に1年間の支出分程度の余裕を持っていると判断できます。年間の貯蓄額を考えると、金融資産の運用で最悪100万円失っても資産額は変わらないので、「最大の損は100万円まで」などと自分で判断します。

自分が持つ資産を決算書風に評価する

ケース①

預貯金、株式会社など金融資産 1,500 万円、現在価値 1,500 万円の住宅を持っている。住宅ローンは 2,500 万円で、短期ローンはない。年収 600 万円で支出は 500 万円

「万が一の備えに1年分の支出額程度は確保したい」なら、資産が減少しない 100 万円の範囲内（年間収支の残り）でリスクをとる

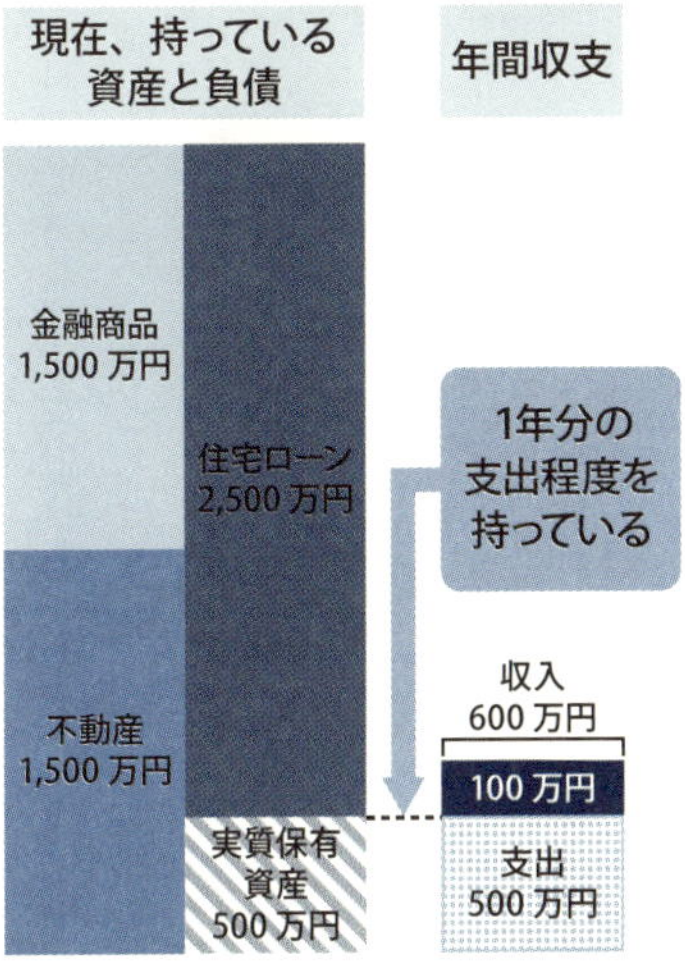

ケース②

預貯金、株式会社など金融資産 1,500 万円、現在価値 1,500 万円の住宅を持っている。住宅ローンも短期ローンもない。年収 600 万円で支出は 500 万円

備えは十分あるので、年間収支の残り 100 万円以上の損失の可能性がある投資をすることもできる。自分の上限を決めて行おう

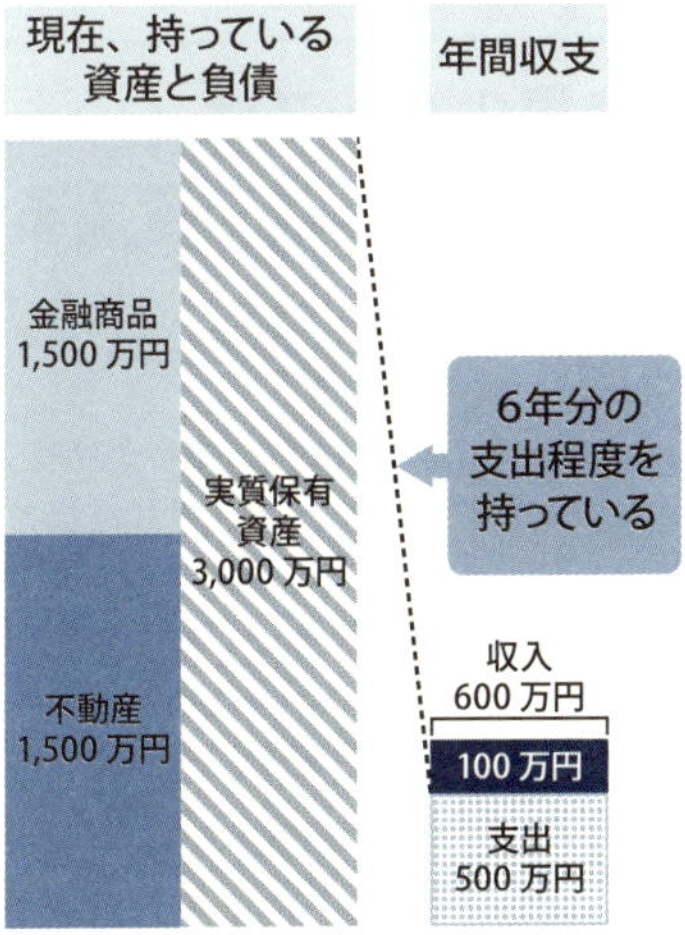

リスク資産の換金性に注目する

資産の種類はさまざまありますが、不動産のように換金性の低いものと、株式や投資信託などのように換金性の高いものがあります。

後者のようなリスク資産でも、分散投資（↓114ページ）していれば少なくとも短期間で価値がゼロになることは考えにくいので、必要なときには換金して使うことができます。

One Point Advice !

最悪のケースは
−２標準偏差で考える

99ページで紹介したように、最悪のケースは「−２標準偏差」で考えます。

理論上、「−２標準偏差」より悪いケースは2.3%起こり得ることになります。しかし、「−２標準偏差以下」まで考え始めるとキリがありません。2.3%の確率まで考えてしまうと、投資をしようという気にもならなくなるでしょう。そのため、金融業界では「−２標準偏差」を最悪のケースとすることが一般的です。製造業などで「万が一でも事故が起きないように」考えるのと比較すると、かなり大雑把な世界です。

TOPIC
20
運用の基本

「リスク資産」と「無リスク資産」を分けて考える

- いきなり金融商品を選ぶのは失敗の原因です。
- 似た性質を持つ資産のグループのことをアセットクラスと言います。
- アセットクラスの配分計画をアセット・アロケーションと言います。

投資は正しい手順で行う

お金を運用する際に、**よくある間違いが、いきなり金融商品を選んでしまう**ことです。個人の投資は、基本的に次の手順で行う必要があります。

①家計を把握・分析する

「どのくらい投資していいか」を判断します。105ページを参考にしてください。

②資産配分を決める

国内株、外国株、内外の債券など、資産分類ごとにどう資金を配分するかを決めます。

③それぞれの資産カテゴリーでベストの投資対象を選ぶ

ここで初めて金融商品を選択します。

④どの金融機関で売買したらよいかを選ぶ

金融機関の広告などでは、「金融機関を選んでから商品を選ぶ」ようなコピーがありますが、金融機関を選択するのは最後です。

商品を決めてからどの金融機関にするかを検討します。

投資の手順

家計を把握・分析する
（どのくらい投資していいか？）

↓

資産配分を決める
（国内株、外国株、内外の債券などにどう資金配分するか）

↓

それぞれの資産カテゴリーでベストの投資対象を選ぶ
（金融商品の選択）

↓

どの金融機関で
売買したらよいかを選ぶ

資産の配分計画を立てる

②について詳細を紹介しましょう。

金融業界では、**資産分類ごとの配分を決めることを「アセット・アロケーション」**と呼びます。アセットは資産、アロケーションは配分という意味です。

いきなり商品選択をせず、アセット・アロケーションを考えるのは、①運用内容とリスクの大きさを把握できるようにする、②資産分類ごとに商品を選ぶほうが、コスト（手数料）面で効率的な商品選択ができるからです。

アセットクラスの配分を決める

アセットクラスは似た性質を持つ資産のグループのことです。伝統的には

①株式（国内）
②株式（外国）
③債券（国内）
④債券（外国）

⑤現金

の5つに分けられます。

⑤の現金は「すぐに換金できる」という意味で、預金等も含みます。**①②④がリスク資産、③と⑤が無リスク資産**です。

5つの配分を決めるのがアセット・アロケーションだと言えます。

リスク資産と無リスク資産を組み合わせる

国内債券は、厳密に言うとリスクがありますが、おおまかには無リスク資産と考えていいでしょう。

ただし今は債券利回りが低いので投資する意味がほとんどありません。特に個人向け国債（変

その他、個人が検討候補から外すべき主な金融商品

不動産投資	外貨預金	ＦＸ取引	金などのコモディティ（商品）投資

魅力的な物件を探すのがむずかしいうえ、換金性が低い。分散投資がむずかしい	為替リスクがある分、不利な商品になりやすい。為替の手数料が高い（→191ページ）	ゼロサム・ゲーム的「投機」なので資産形成には不向き（→194ページ）	資本を提供する「投資」ではなくゼロサム・ゲーム的な「投機」（→216ページ）

動金利10年型）はリスクが小さいので、無リスク資産の区分でいいでしょう（→134ページ）。

ただし、**外国債券を個人で買うのは避けましょう。**一見、利回りが高そうに見えますが、為替リスクが大きいにもかかわらず、期待利回りは円で運用するよりも大きいとは言えません（→191ページ）。

結果として**「リスク資産は国内株式と外国株式」「無リスク資産は個人向け国債（変動金利10年型）と現預金」**という理解で整理し、金融商品を選択するとよいでしょう。

One Point Advice !

毎月分配型のファンドは損をするしくみになっている

毎月分配型のファンドが人気を集めています。しかし、これは残念な傾向です。

毎月分配型は、年に1回分配金を支払う投資信託と比べると、運用自体の期待リターンがプラスの場合、税制上、損なしくみになっています。

「毎月、分配金が入るから定期収入になる」などとすすめられることがありますが、手持ちの資金をすべて毎月分配型ファンドに投資するのは、おそらく誰にとっても適切ではありません。

すでに保有している人は、すぐに解約することをおすすめします。

TOPIC
21
運用の
基本

多業種・多銘柄に分散投資する

- ●分散投資にはリターンを高め、リスクを下げる効果があります。
- ●株式投資では少なくとも3銘柄以上の株式に分散投資しましょう。
- ●ポートフォリオ（分散投資した資産の組み合わせ）を組んで見直し続けましょう。

少なくとも3つ以上の銘柄に分散投資する

お金の運用は分散投資が不可欠です。分散投資はリターンを下げずにリスクを下げる、またはリスクを変えずにリターンを最大化する効果があります。

たとえば株式投資で考えてみましょう。資金を1つの企業に投資した場合、その企業の業績次第で、よいときと悪いときで極端にブレてしまいます（↓96ページ）。1年間で1銘柄だと、最悪の場合3分の2くらいロスしてもおかしくはありません。

ところが**資金を分散して、業種なども分散させて20銘柄に投資すると最大のロスを3分の1程度に抑えられます**。20企業の業績が同じ方向に動くことは考えづらいからです。いきなり20銘柄は無理でも、**これから株式投資を始めるならば、少なくとも3銘柄以上の株式に分散投資する**ことをおすすめします。

相反する銘柄を組み合わせる

銘柄を選ぶ際には、できるだけ業種の異なる銘柄を選ぶようにしましょう。猛暑の予想で

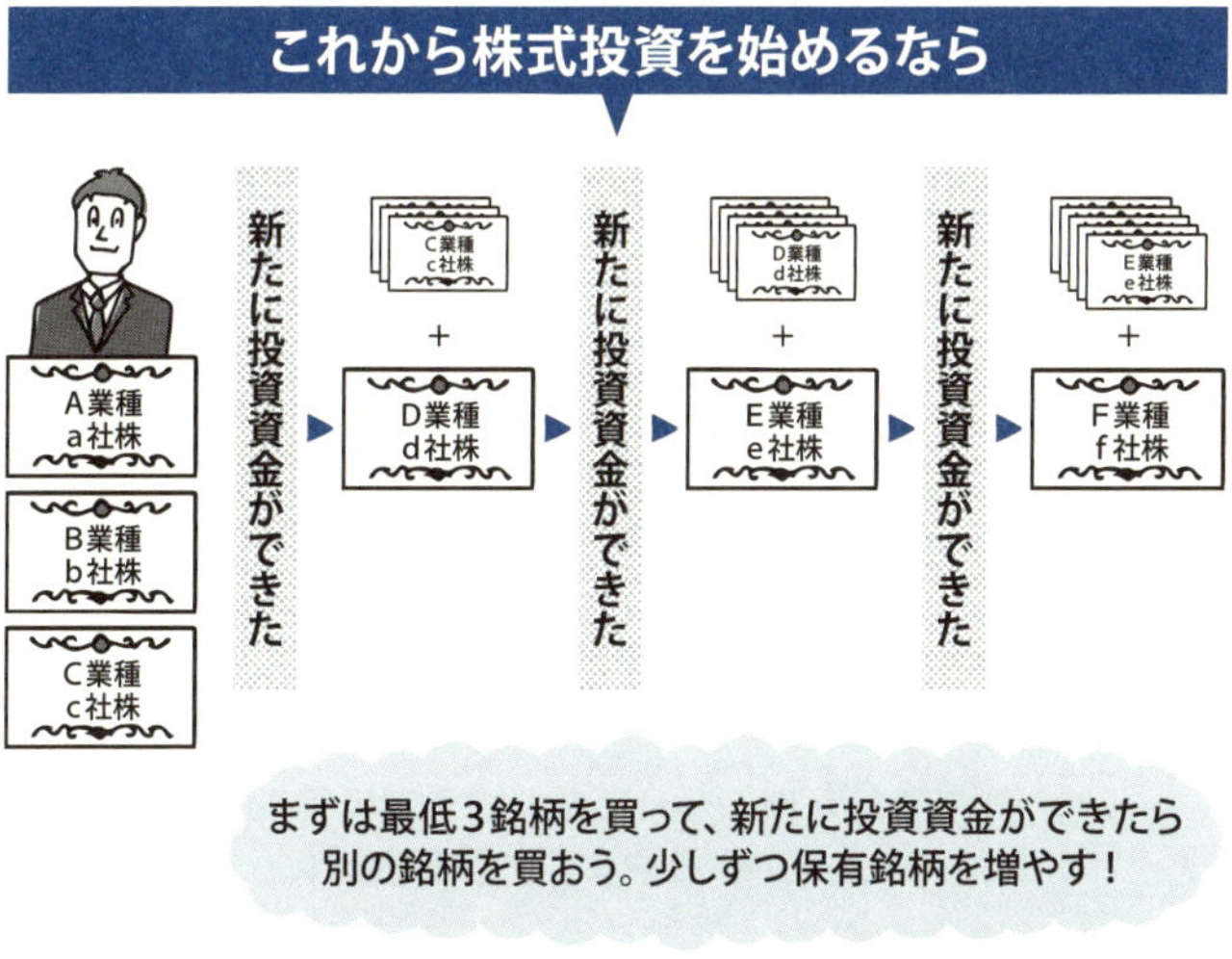

分散投資は同じリスクの下でリターンを拡大できる

ロスをしても許容できる金額が100万円の場合

1銘柄に投資したときの最悪のロスは $\frac{2}{3}$ 程度

◎投資額を割り出す

ロス許容額 100万円 ÷ 最大ロス $\frac{2}{3}$ ＝ 投資額 150万円

◎期待リターン（5%）を計算する

投資額 150万円 × 5% ＝ 7万5,000円

20銘柄に上手に分散投資したときの最悪のロスは $\frac{1}{3}$ 程度

◎投資額を割り出す

ロス許容額 100万円 ÷ 最大ロス $\frac{1}{3}$ ＝ 投資額 300万円

◎期待リターン（5%）を計算する

投資額 300万円 × 5% ＝ 15万円

分散投資を選んだほうがリスクを抑えて投資額が上がり、リターンを増やすことができる！

ビール需要を当て込み、「キリンとアサヒとサッポロを買ったら、予想が外れて冷夏だった」という場合、3社とも業績が期待できません。「Aがマイナスに動くときにBはプラスに動きやすい」という都合のいい関係を持った銘柄ばかりを選ぶのはむずかしいとしても、**お互いに関連性の低い業種・銘柄を選ぶ**ようにしましょう。初めのうちは、「1業種1銘柄まで」と決めておくくらいで十分でしょう。

また、**新たに投資資金ができたときには、すでに持っている銘柄とは異なる銘柄を買って、保有銘柄数を増やす**ことを心がけるといいでしょう。プロのファンドマネジャーも分散投資に救われることがしばしばあります。「集中」ではなく「分散」が運用の基本です。

One Point Advice !

株価を利回りで考える

お金の運用は基本的に利回りで損得を判断します。そのため、株式も利回りで考えてみましょう。ピンとこないかもしれませんが、株価が債券などほかの金融商品と比べて割安なのかどうかを考える際に役に立ちます。

わかりやすいのは1株あたり利益を株価で割った「益利回り」です。株価に対する1年あたりの利益の利回りを見るもので、PER（→ 146ページ）と逆数の関係になります。

配当や利益を「利回り」として、他の金融商品の金利と比べると、株価が安いかどうかを実感として理解しやすくなります。

TOPIC 22
運用の基本

投資信託の特徴を知っておこう

- 投資信託は少額資金から分散投資ができます。
- 運用資産は信託銀行で安全に保管されています。
- 商品の種類は多いですが、９割以上の商品は買うに値しません。

気軽に始められる投資信託

資金が少額の場合に、効率よく運用するなら投資信託が候補に挙がります。投資信託は広く個人投資家から資金を集め、大きな資金にしてファンドマネジャーと呼ばれる投資の専門家が日々の運用を行います。元本や利回りは保証されておらず、手数料がかかりますが（↓

186ページ）、資金が大きくなければできない分散投資ができることなどがメリットです。

資金の安全性が確保されている

投資信託は、証券会社や銀行などの販売会社、運用会社（委託者）、信託銀行（受託者）というように役割が分かれていることで資金の安全性が確保されているのも特徴です。

販売会社は個人投資家の窓口になり、運用会社が運用業務を行います。信託銀行は運用会社の指図にしたがって株式や債券などの運用資産を保管・管理します。

ポイントは、**信託銀行は個人投資家から集めた資金を自社の財産と区別して管理しているこ**

投資信託は少額でも参加できる

個人投資家から広く資金を集め、
大きな資金にしてファンドマネジャーが運用する

とです。いわゆる金庫番をしていて、自社の資金繰りに流用したりはできません。

そのため、万が一、販売会社が倒産したりしても、個人投資家の資産は安全に守られています。現実に、山一證券が倒産した際も、個人投資家の資産は無傷のままでした。銀行のように保護範囲は1000万円までというような縛りもないため、まとまった資金を預ける候補としても考えられます。

投資信託の運用方法の違い

投資信託は、運用方法の違いから**パッシブ・ファンド**と**アクティブ・ファンド**の2つに分かれます。パッシブ・ファンドは、市場全体の平均的な収益を獲得することを目的として、十分に分散化されたポートフォリオを組んでいます。**メリットはコストが安いこと、運用内容が把握しやすいこと**です。代表的なパッシブ・ファンドに**インデックス・ファンド**があります（→130ページ）。一方、**アクティブ・ファンド**にはさまざまな運用スタイルがあり、市場平均以上の収益を獲得することを目的としています。一時的に成果が出ることもありますが、平均以下になることもあり、コストが高いというデメリットがあります（→176ページ）。現状ではおすすめできるものはありません。

投資信託は役割を分けて資金を保護している

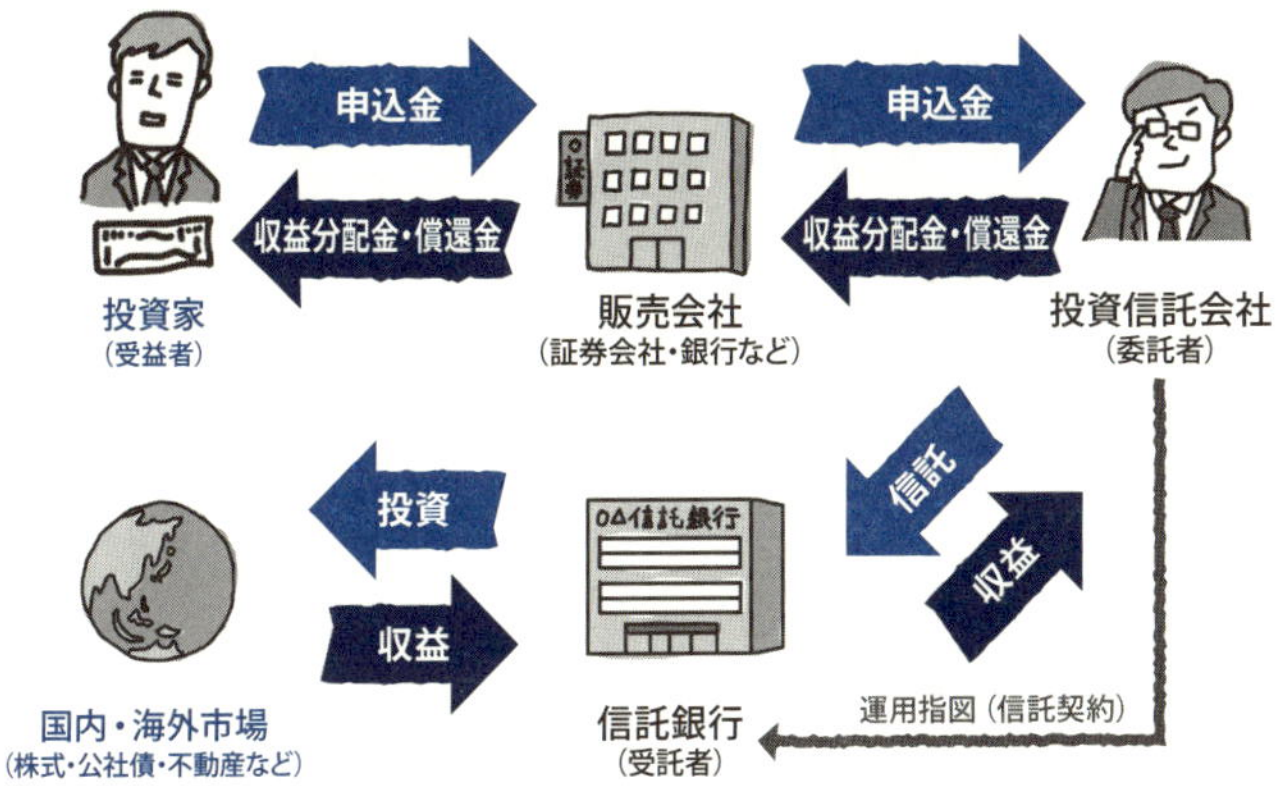

投資信託の特徴

少額でもスタートできる

販売会社で口座を開設すれば、最低1万円からでも始められる

運用の中身がチェックできる

運用の状況は公開されるほか、自分が投資したお金がいくらになっているかも確認できる

ファンドマネジャーが分散投資する

分散投資はある程度の資金がないとむずかしいが、集めた資金が大きくなるので分散投資ができる

商品によって手数料に大きな差がある

手数料が大きいと、運用成果に悪影響を及ぼすので、厳しくチェックする必要がある（→186ページ）

購入・換金が簡単

基本的にはいつでも時価で購入・換金することができる

商品によって投資対象や投資方針などが変わる

投資対象や投資方針の違いによって運用成果が違う。元本割れのおそれもある

TOPIC 23
簡単運用術

運用の流れを押さえておこう

- 「超簡単」なお金の運用4ステップの流れを押さえましょう。
- 生活防衛資金は生活費3ヶ月を目処に「借金せずにすむ額」を別途確保します。
- 株式や投資信託などは数日で換金できます。

「超簡単」な運用4つのステップ

お金を運用する際に、まず大切なのは**運用の流れ全体を頭に入れる**ことです。私がすすめるシンプルで簡単な運用ステップは4つです。

超簡単・お金の運用法

1 生活防衛資金を確保する

絶対に借金の必要が生じない程度の余裕を持つため、おおむね**支出の3ヶ月分を銀行の普通預金に預けておく。**残ったお金は、「当面使わないお金」として運用資金に回す

2 運用するお金の中で、「リスク資産」を持つ「金額」を決める

「1年で投資額の3分の1くらいの損をするかもしれないが、平均的には銀行預金よりも5%利回りが高く、幸運なら損の確率と同じ確率で4割くらい儲かるかもしれないもの」と思って、**いくら買いたいか**を決める（→126ページ）

3 「リスク資産」の50%をTOPIX連動型ETF（上場型投資信託）に投資し、残りの50%を外国株式に連動するインデックス・ファンドに投資する（→130ページ）

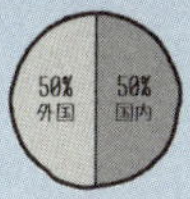

もっとも手数料が安い商品を選択しよう。銘柄は、「上場インデックスファンドTOPIX」（コード番号1308）、「ニッセイ外国株式インデックスファンド」などがよい（確定拠出年金を考慮しない場合、2015年6月現在）

4 運用するお金の中で、「リスク資産」にあてないお金は「無リスク資産」で運用する（→134 ページ）

しばらく動かさないが絶対に損したくないお金は**「個人向け国債（変動金利10年型）」**（→134ページ）に、頻繁に出し入れするお金は銀行の預金か証券会社の**MRF**（→136ページ）に配分する。銀行預金は「1人で、1行あたり1,000万円まで」を厳守しよう

上記の4ステップを基本に、確定拠出年金（→153ページ）とNISA（→158ページ）を最大限に利用することを考慮に入れよう

①生活防衛資金（支出の3ヶ月分が目安）を銀行の普通預金に預けておく

結婚式が重なったなど、不意の出費に備えるため、おおむね毎月の支出の3ヶ月分（↓One Point Advice!）を銀行の普通口座に預けておきます。

それ以上のお金は「当面使わないお金」ですから、運用資金に割り振ります。

②運用するお金の中で、「リスク資産」を持つ「金額」を決める（↓126ページ）

運用資金にしたうち、いくらをリスク資産で運用するかを決めます。この際、割合ではなくて「金額」で決めることが大切です。

リスク資産は「1年で投資額の3分の1くらいを損するかもしれないが、平均的には銀行預金よりも5％利回りが高く、幸運なら損の確率と同じ確率で4割くらい儲かるかもしれないもの」と考えましょう。

③「リスク資産」の50％をTOPIX連動型ETF（上場型投資信託）に投資し、残りの50％を外国株式に連動するインデックス・ファンドに投資する（↓130ページ）

もっとも手数料が安い商品を選択します。確定拠出年金（↓153ページ）を考慮しない場合、現状では「上場インデックスファンドTOPIX」と「ニッセイ外国株式インデックスファンド」がおすすめです。

④運用するお金の中で、「リスク資産」にあてないお金は「無リスク資産」で運用する**（↓134ページ）**

しばらく使う予定はないけれど、損をしたくないお金は無リスク資産に割り振ります。「個人向け国債（変動金利10年型）」、証券会社の「MRF」、「銀行預金」がおすすめです。

One Point Advice !

預金は生活費３ヶ月分程度で十分でしょう

生活防衛資金を「生活費の２年分」と主張する人が多く見られます。

この説は、もともと富裕層向けの資産管理ノウハウとして提案されたものです。そのため、一般の個人投資家には合わない部分があります。

株式・投資信託等で運用していれば、必要に応じて数日で換金することができます。

年収600万円で、支出が500万円のサラリーマンに、「1,000万円しかないなら投資はまだ早い」とは言えないでしょう。

TOPIC
24
簡単
運用術

最大ロスしていい金額で投資額を決めよう

- 投資を始める前に、1年間で最大ロスしていい金額を決めましょう。
- リスク資産での運用部分の最大の損失は投資額の3分の1程度と見積もれます。
- 「損した場合にどうするか」をあらかじめ考えておきましょう。

あらかじめ損の計算をする

リスク資産にいくら割り当てるかを決める際には、「どれだけ儲けられるか」を考えるより、**「あらかじめ損の計算をする」**ことのほうが大切です。

そのためには、次の2つの数字を割り出す必要があります。

①自分が1年間で最大ロスしていい全額
②最悪の場合、その運用による損失はどの程度になるか

「最悪の場合」を考えて投資額を決める

①最大ロスしていい額については、人それぞれ置かれた状況で異なります。この際、**「割合」ではなく「金額」で決める必要があります。**

マネー雑誌などでは、ポートフォリオを円グラフなどにして割合で紹介することがありますが、人によって置かれている状況が違います。割合だと具体的なケースを考えるうえで不都合ですから、必ず金額で考えるようにしてください。

②運用による損失がどの程度になるかについては、**運用による損失を最大でリスク資産への投資額の3分の1程度**と考えるとよいでしょう。

たとえば「1年間で最大ロスしてもいい額」が150万円だとします。運用によるロスは最大でも3分の1程度と考えると、投資できる最大額は450万円（150万円×3）です。

状況や好みでもロス額は変わる

最大ロスしてもいい額を決めるのは簡単ではありません。置かれた状況や好みの問題もあります。

たとえば、同じ年収、同じ貯蓄額でも、住宅ローンがあるかどうか、結婚しているかどうか、健康かどうかなども関係してくるでしょう。

若く、健康で、安定した収入があり、貯蓄額も十分という場合なら、当面、手をつけないお金を全額リスク資産に投じても差し支えないと考えることもできます。

加えて重要なのは、**「最悪の場合にどうするか」という視点**を忘れないことです。あえてロスに目を向けて、問題ない金額の範囲で決めましょう。

リスク資産に割りあてる金額を計算してみよう

計算してみよう

置かれた状況を考慮する

年齢　収入　健康

ローン額　家族　好み

etc…

① 自分が1年間で最大ロスしていい額

万円

×

② 最悪の場合、その運用による損失はどの程度になるか（3分の1と想定）

3

＝

③ リスク資産への最大投資額

万円

TOPIC
25
簡単
運用術

リスク資産は日本と海外のインデックス・ファンドに

- 国内株式は「上場インデックスファンドTOPIX」です。
- 外国株式は「ニッセイ外国株式インデックスファンド」です。
- 国内株式と外国株式を5対5の割合で購入するのがおすすめです。

投資信託の知識を持つべき理由

投資信託は少額で分散投資できる、個人にとって便利な商品です（→118ページ）。また、確定拠出年金（→153ページ）、NISA（→158ページ）でも、**リスクをとった運用対象の選択肢は事実上、投資信託に限られます。**

この意味でも、多くの人にとって、「投資信託の正しい選び方」は持つべき知識になってきています。

5対5で買いたい 2つの商品

目下、リスク資産で買うべきおすすめ商品は**「上場インデックスファンドＴＯＰＩＸ」**（コード番号1308）と**「ニッセイ外国株式インデックスファンド」**です。

この2つはどちらも投資信託ですが、前者の投資対象が国内株式であるのに対し、後者は外国株式を対象としています。この2つを**5対5の割合で購入**するとよいでしょう。

国内株式対象と外国株式対象の投資信託を5対5で買う

国内株式	上場インデックスファンド TOPIX（運用：日興アセットマネジメント）	上場型投資信託（株式のように市場で取引できる投資信託）、通称ETF（Exchange Traded Fund）の一つ。TOPIXと呼ばれる東証株価指数（東証一部の全銘柄の加重平均で構成された株価指数）に連動するように運用される商品なので、日本の主な銘柄に分散投資されていると言える
外国株式	ニッセイ外国株式インデックスファンド（運用：ニッセイアセットマネジメント）	日本を除く主要先進国の株式を投資対象としていて、MSCIコクサイ・インデックス（海外の先進国を対象とする株価指数）に連動するよう運用されている。円換算ベースなので、為替ヘッジが行われず、購入時・換金時の手数料が無料

個人投資家はまあまあベストを狙おう

この2つの商品は２０１５年6月現在、私がベストと選んだものです。

投資信託商品は数多くあります。また、今後、新商品の登場や、既存商品の手数料引き下げなどで、おすすめの商品が変わることはあり得ます。

しかし、現実の投資では「ベストに近い商品なら、厳密にベストでなくてもよい」くらいに考え、**大らかにとらえることが大切**です。

個人投資家は運用の専門家ほど、お金の運用に時間や情熱を使うことはできません。たった少しの違いを求めて、間違った運用商品を選択してしまう怖さもあります。

個人投資家は「まあまあベスト」「無難」を目指せば十分でしょう。

その意味では、国内株式と外国株式の割合5対5も「大まかに半々」ととらえます。４対６～６対４の範囲の中に入っていればいい、というくらいに考えてください。

自分で投資信託を選ぶときの心得

1 いきなりファンドを選ばず、アセットクラスを選ぶ

先にファンド（個別の投資信託商品）を選ぶと、自分がどれだけの大きさで、どういう性質のリスクをとっているのか把握できなくなる

2 シンプルなファンドを「自分で」組み合わせる

アセットクラスごとに投資する商品を選ぶ際には、原則として、国内株式に100%投資するファンドと、外国株式に100%投資するファンドを選ぼう。投資対象としてバランス・ファンドは適切でない（→195ページ）

3 信託報酬の高いファンドを除外する

投資信託の手数料には「販売手数料」と「信託報酬」の2つがあるが（→186ページ）、このうち信託報酬は継続的にかかる。他のファンドと比較して、明らかに信託報酬が高いファンドは投資対象候補から外そう

4 売買手数料の安いところで買う

投資信託を販売する金融機関や利用する窓口の違いによって、購入時にかかる販売手数料が異なる。ネット証券か運用会社から直接買う場合は、購入時の手数料がかからないノー・ロードのことが多い

5 ファンドの資産規模・流動性を確認する

ファンドが設定したてだったり、資産残高が減っている場合は、十分な分散投資ができないことがある。資産100億円以上を目安に資産規模の大きいファンドを選ぼう。なお、ETF（上場型投資信託）は自分の投資額の1000倍くらいの売買代金が常時あるかどうかが基準となる

6 分配金にこだわらない

毎月分配型のファンドは税制上不利であるうえ、信託報酬も高いので、投資対象としては不適切（→113ページ）

7 過去の運用成績で選ばない

過去の運用成績と、将来の運用成績は無関係。過去にいい成績を挙げているからといって、将来の参考にはならない。今後の運用成績がよいファンドを選ぶ事ができる人はいないことを覚えておこう

TOPIC
26
簡単運用術

無リスク資産は個人向け国債とMRFに

- 当分、使わないお金は個人向け国債（変動金利10年型）にしましょう。
- 出し入れの予定があるならＭＲＦが最適です。
- 銀行預金にするなら「１人、１行、１０００万円まで」を厳守しましょう。

無リスク資産として買うべき2つの商品

無リスク資産として適切な商品は現在２つあります。

当分、使う予定がないお金は「個人向け国債（変動金利10年型）」で、**出し入れする可能性のあるお金は「ＭＲＦ（マネー・リザーブ・ファンド）」**です。

国債は、比較すると最も安全な資産

国債は名前のとおり国が発行する債券です。債券とは国、地方公共団体、企業などが広く資金調達のために発行するもの。

株式のように満期日より前に債券市場で売買することができます。

株式と違う点は、**あらかじめ利子の支払い条件や満期日が決められている**ことです。定期的に利子を受け取ることができ、償還日には債券に記載された額面の金額が受け取れます。元本が保証されているわけです。

国債が安全だという根拠は、国の信用力にあります。永遠に日本国債が大丈夫だと主張する

個人向け国債（変動金利10年型）の特徴

安心	国が債務を保証している。銀行預金より安全
利子つき	半年ごとにクーポン（金利）が支払われる
インフレ対策	個人が購入できる国債の中で、唯一、変動金利（長期金利の66%が目処・最低利回り0.05%）を採用している（→139ページ）。金利上昇にある程度追随
気軽	1口1万円単位という少額から購入できる
元本保証	保有が1年を過ぎたら、直近に受け取った利払い2回分（税引後）のペナルティを支払うと、いつでも元本で換金できる
買いやすさ	積極的なセールスはしていないが、銀行、証券会社、ほとんどの郵便局で購入できる（→143ページ）

つもりはありませんが、少なくとも現在、国内の金融機関や企業の債務と比較して、安心できる運用対象となります。

国債の中でも、現在の金融環境で適切なのは、個人向け国債（変動金利10年型）です（→139ページ）。

信用面の安心に加え、将来のインフレにともなう金利上昇にも強いと言えるため、当面、使う予定がなく、安全に貯めておきたいお金については、個人向け国債（変動金利10年型）で運用するとよいでしょう。

MRFとは証券会社版の普通預金

出し入れの可能性があるお金は、銀行預金も

MRF（マネー・リザーブ・ファンド）の特徴

- **換金性㊫** — 1円単位で毎日預け入れ・解約ができる
- **預金のみ** — 銀行のように公共料金の引き落としなど決済機能はない。またATMは少ない
- **低リスク** — 投資信託だが元本割れのリスクが低い
- **安全** — 投資信託なので資金が安全に保管されている（→118ページ）
- **利回り妥当** — 利回りはおおむね銀行の普通預金程度で、時期によっては普通預金より少し高くなる
- **分散投資** — 短期金融市場の商品や短期国債といった、元本保証のついた商品で分散投資されている

悪くはありません。ただし、**銀行には預金保険で保護される上限があるので**（↓49ページ）、**預金は1行あたり1000万円**までです。

銀行預金より安全性が高く、出し入れできる商品としてはMRFがおすすめです。

MRFは普通預金と同じように**預け入れ、解約が1円単位で毎日できます。**MRFは証券会社に開設した証券口座で取引することができます。証券会社版の普通預金といったイメージでしょうか。

MRFは投資信託の一種ですが、投資対象は短期金融市場の商品や短期国債など元本保証のついている商品だけです。また、幅広く分散投資されているので、**元本割れの可能性が低い**と言えます。

One Point Advice !

MRFに似ているMMF

証券会社にはMRFに似たMMF（マネー・マネージメント・ファンド）という商品もあります。

MRFは解約手数料が無料ですが、MMFは購入から30日以内に解約すると手数料がかかります。それ以外は似たしくみになっています。

ただし、運用対象がMMFよりMRFのほうが手堅い分、元本割れのリスクも低くなっているため、安全性という観点からMRFをおすすめします。MMFのほうがMRFより利回りが高い場合が多いのですが、現在の低金利下で、差はごくわずかです。

もちろん投資信託ですから金融の大混乱などが起きてしまえば、元本割れすることもあり得ます。しかし、万が一のときでも、銀行の破たんと比べると小さな被害で食い止められるでしょう。

利回りはおおむね普通預金程度ですが、販売した証券会社が破たんした場合でも、信託銀行で資産が安全に管理されているのもメリットです。

TOPIC
27
簡単運用術

個人向け国債（変動金利10年型）はインフレに強い！

- ●長期金利上昇時にも、満期前に元本で償還できます。
- ●変動金利はお金の価値が下がるインフレに対応しやすいしくみです。

国債の中で唯一の変動金利

個人が購入できる国債には、「新型窓口販売方式国債（新窓販国債）」が10年型、5年型、2年型、「個人向け国債」が10年型、5年型、3年型と全部で6種類あります。

国債の中で、個人向け国債10年型をおすすめするのは、**唯一、変動金利を採用**しているからです。それ以外はすべて固定金利です。**固定金利では、金利が上昇したときに不利になる**可能性があります。

長期金利の上昇に66％程度ついていける

たとえば2％の固定金利で新窓販国債（10年型）を買った後、1年後にこの他の金融商品（10年満期）の金利が5％に上昇した場合を考えてみましょう。

国債の満期まで残り9年間、毎年2％の金利を受け取ると18％（2％×9年間）です。

一方、他の金融商品で9年間、年利5％だと45％（5％×9年間）にもなります。

ところが個人向け国債の変動金利だと、半年

金利の上下動と債券価格

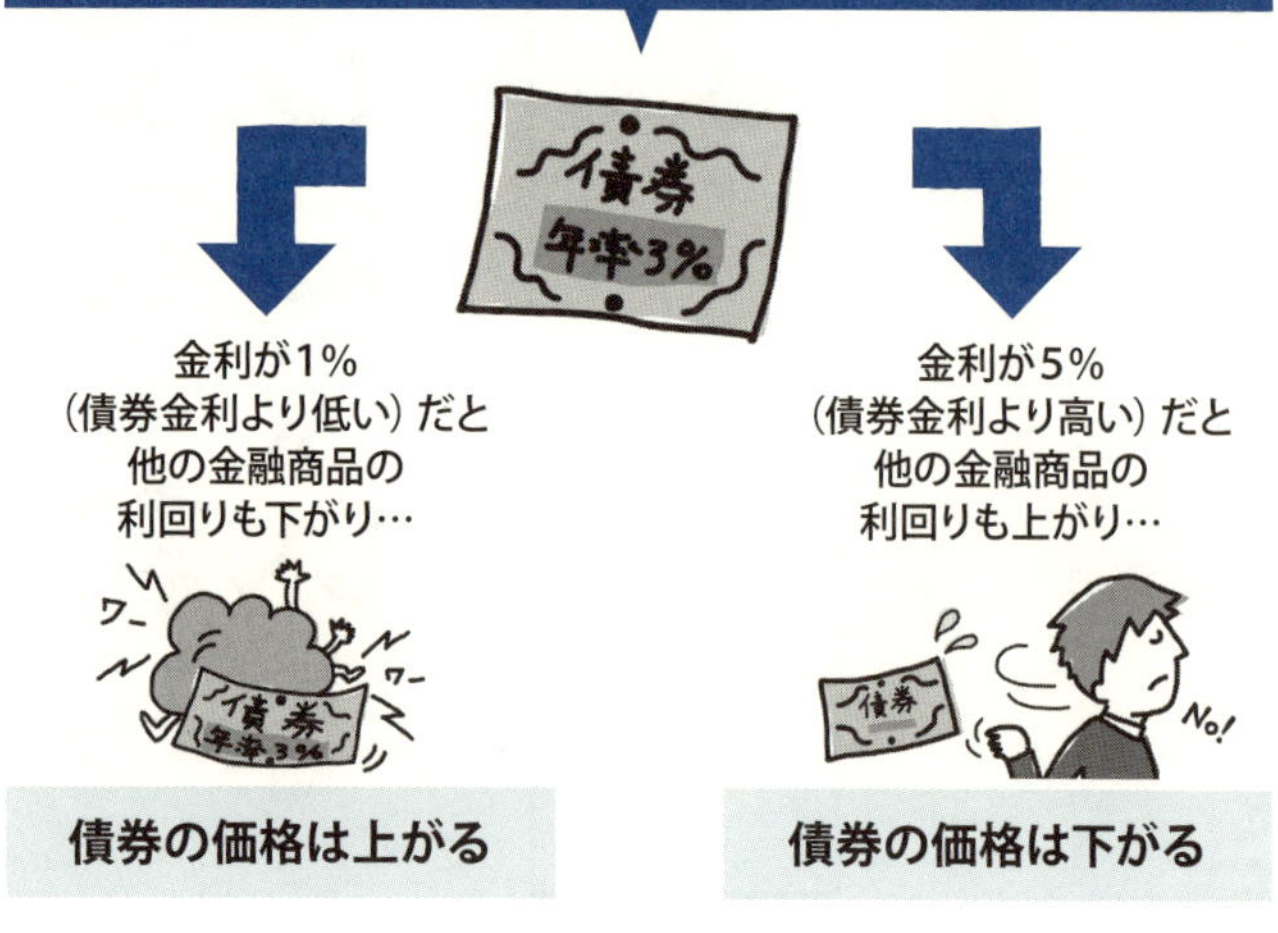
債券
年率3％
金利が1％
（債券金利より低い）だと
他の金融商品の
利回りも下がり…
ワー
債券
年率3％
債券の価格は上がる
金利が5％
（債券金利より高い）だと
他の金融商品の
利回りも上がり…
債券
No!
債券の価格は下がる

単位で利息が見直されます。

その時々の長期国債の利回りの66%が目処なので、長期金利が2%なら1・32%、3%なら1・98%、5%なら3・3%です。

つまり、**長期金利の上昇に約3分の2ほどついていくことができる**ようになるわけです。

「有利」とまでは言えませんが、「まあまあ」の金利を稼いでくれます。

ペナルティを支払えば満期前でも元本で償還できる

「固定金利にしておいて、長期金利が上がったら売ればいい」と思ってしまう人もいるかもしれません。

しかし、**債券は金利が上がると、価格が下がっ**

個人向け国債（変動金利10年型）の金利変動イメージ

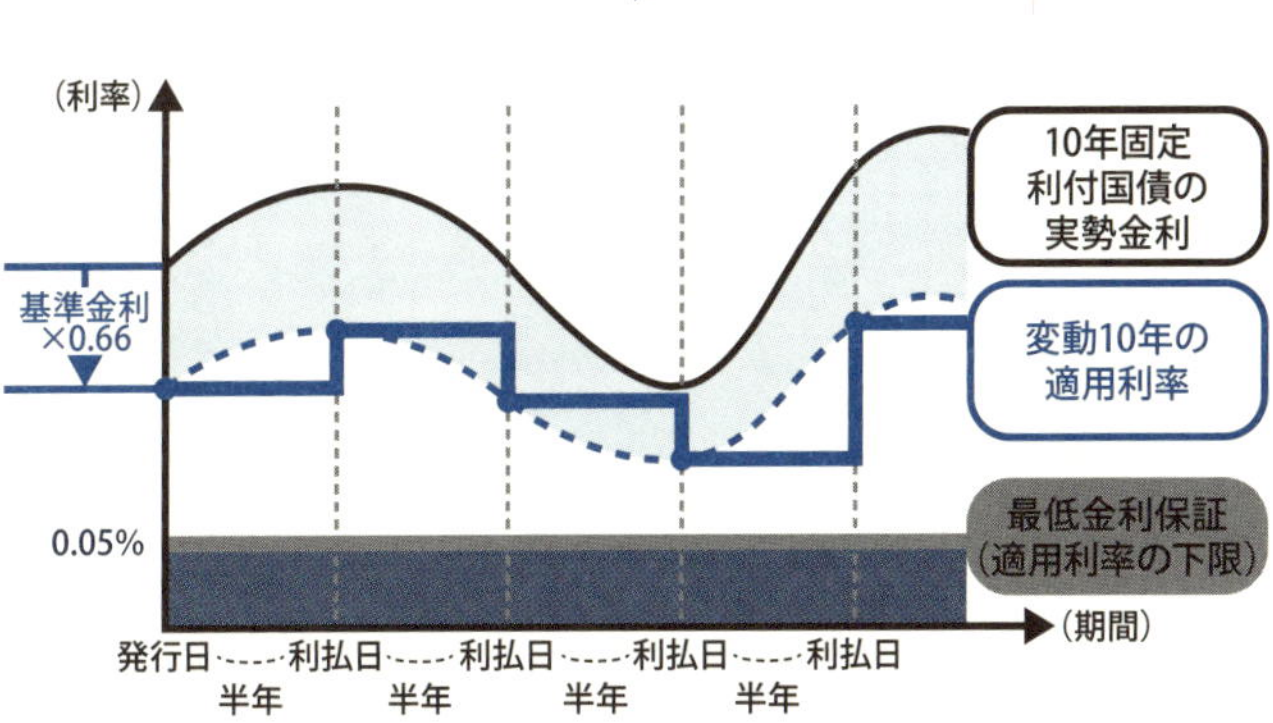

※グラフはイメージであり、今後の金利状況を予測するものではありません。　＊財務省ホームページより作成

てしまいます。逆に金利が下がると、債券の価格は上がります。

たとえば年率3％のクーポンがついていて、満期には元本が償還される債券があるとします。長期金利が3％以下ならば、この債券をほしがる人が多くなりますから、債券は高く売れるでしょう。

逆に、長期金利が3％以上だと魅力のない債券になってしまいますから、買い手を見つけること自体がむずかしくなります。価格は下がってしまうはずです。

ところが、個人向け国債（変動金利10年型）は、**1年を過ぎるとペナルティ（利払い2回分）を支払えば、満期以前に元本の額面で償還**することができます（↓135ページ）。

インフレでは金利が上昇することが多い

さらに注意しなければいけないことがあります。

今後インフレになれば、長期金利が上昇する公算が大きいことです。

インフレ状況では物価が上がる分、お金の価値が相対的に下がっていきます（↓28ページ）。

そのためインフレ時には、長期間の利回りを固定してしまうと、お金の価値を守れない可能性がでてきます。

つまり個人向け国債（変動金利10年型）は**変動金利であるため、インフレに強い**と言うこともできるわけです。

One Point Advice !

個人向け国債（変動金利10年型）は売り渋られる⁉

率直に言って、この個人向け国債（変動金利10年型）は金融機関の窓口で売り渋られる可能性があります。

というのも、金融機関に国から支払われる販売手数料が100円に対して50銭と安いからです。100万円買っても、金融機関には5,000円しか入りません。

「もっとよい商品がある」と、投資信託など他の商品を勧誘される可能性もあります。

セールスははねのける、という強い気持ちを持てないなら、ネット証券で購入するのがいいかもしれません。

TOPIC 28
簡単運用術

金融商品の「売り時」の判断基準を持っておこう

- お金が必要なときは、ためらわず売って換金しましょう。借金は絶対ダメです。
- 金融商品は持っている理由がなくなったときも売り時です。
- 買値にこだわるのは非合理的です。

お金が必要なときは迷いなく売る

すべての金融商品について言えることですが、**金融商品を売るのはお金が必要になったとき**です。

お金を運用して増やすのは、いつか使うためです。お金が必要になったということは、その「いつか」が来たということ。「今、売ると損をしてしまうから」「このお金は老後のためのものだから」などと考えて、換金をためらう人がいますが、ナンセンスです。

まして、**今必要なお金を借金で調達するような行動は非合理的**と言わざるを得ません。ためらわずに売って、必要なお金を作りましょう。

買値にはこだわらない

特に株式などのリスク資産について言えることですが、**持っている理由がなくなったときも売り時**です。株式の場合で言うなら、「現在の株価より将来、上がることはない＝**株価が割高である」と感じたら売ればいい**し、「将来、今の株価より上がるだろう＝株価が割安である」と思うなら持ち続けます。

①ＰＥＲ（株価収益率）などから見る株価の水準、②利益予想の変化方向の両方で見て「買う（持ち続ける）材料がない」と判断できたら、売り時の目安となります。

大切なのは、**自分の買値にこだわらないこと**です。自分が株をいくらで買ったかは、将来のその株のリターンには関係ありません。現在の株価が将来リターンを生むかどうかで判断しましょう。

株の「売り時」を大ざっぱに判断する方法

1

株価水準
PER
株価収益率

1株あたりの利益に対する株価の倍率を示す。低いほど利益に対して株価が割安と考えられるが、利益の成長率が大きいと予想される場合は高くてよい

2

利益予想の変化方向

利益予想が上方修正されているか、下方修正されているか。株価は「予想」に対して形成されるので「予想」の変化方向が大事

どちらも買う（持っている）材料がない

売り時！

金融商品の売り時を重要度順に並べたら

特に重要！

1 現金が必要になったとき

2 持っている理由がなくなったとき

3 その銘柄のリスクが過大になったとき

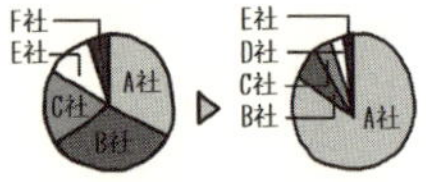

4 すばらしく期待リターンが高い他の銘柄が見つかったとき

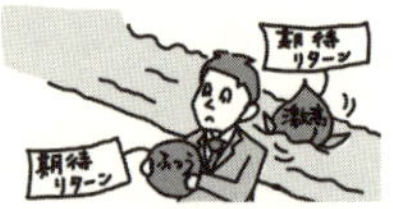

時として、重要度の順序は入れ替わることがあるが、この4つを心得ておけば売り時を間違えることはない！

部分的に売る、別の銘柄を買うために売る

多少、専門的になりますが、**ポートフォリオの中でその銘柄のリスクが大きくなったとき**も売り時です。たとえば、A社の株が買値から何倍も値上がりしたとすると、ポートフォリオ全体で見たときにA社株のリスクが与える影響が大きくなってしまいます。このような場合は、ポートフォリオ全体のバランスがとれるよう、**部分的に売る**ことを考えましょう。

また、運用資金が一定の場合、**すばらしく期待リターンが高い別の銘柄を見つけたとき**も売り時になります。持っている株式を売って、別の銘柄を購入する資金とします。

One Point Advice !

持ち株が値下がりしたときに大切なこと

持ち株が値下がりすると、損を悔やんでしまうのは人間の心情かもしれません。

しかし、買値にこだわると非合理的な売買に走る可能性があります。

特に値下がりした株価で買い増しして平均買値を下げようとする「ナンピン買い」は、リスクが大きいため要注意です。

値下がりした事実を認める勇気を持ちましょう。冷静に、合理的に対処する。やせ我慢して自分をコントロールすることも、投資の楽しみの一つなのかもしれません。

TOPIC 29
簡単運用術

老後資金を360ヶ月で見積もってみよう

●老後資金は**毎月公的年金にプラスしたい額×360**で割り出せます。

●運用の失敗でロスしていい額は**老後資金で毎月支出が減っても大丈夫な額×360**で割り出せます。

30年360ヶ月をいくらで生活するか？

老後の資金計画について考えてみましょう（→75ページ）。**ポイントは360という数字です。**

リタイア生活が65歳で始まり、**95歳まで生きるとすると360ヶ月（12ヶ月×30年）**です。

日本人の平均寿命を考えると、360ヶ月という想定で十分ではないでしょうか。

360ヶ月を基準とすると、公的年金にプラスして月に5万円の支出を希望するなら、1800万円（5万円×360ヶ月）が必要と算出できます。月に10万円なら3600万円（10万円×360ヶ月）です。

このように、**360を使って、老後の必要資金を割り出すことができる**わけです。

取れるリスク額の目処をつける

360という数字を利用すれば、**自分が取れるリスク額の見当をつける**こともできます（→126ページ）。

自分が取れるリスク額を計算してみよう

計算してみよう

老後資金で毎月の支出が減っても大丈夫な額　[　　]万円　×　360

＝　最悪の場合にロスしてもいい額　[　　]万円

老後資金を計算してみよう

計算してみよう

毎月公的年金にプラスしたい額　[　　]万円　×　360

＝　老後生活の必要資金　[　　]万円

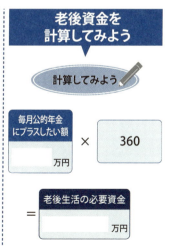

運用の失敗で360万円をロスしたとしましょう。**360万円のロスは、「老後の生活で使えるお金が1万円減る」**と考えられます。

前述の例でいえば、月に5万円ずつ使える予定が4万円になる、月に10万円の予定が9万円になるということ。

「月に1万円、使うお金が減る」ことを「大変な事態だ」と考える人にとっては、最悪の場合に360万円のロス額は大きすぎるということです。

逆に**「それくらいなら大丈夫」という人は、最悪のロス額としてふさわしい、または小さいと言えるでしょう。**

「老後の支出額が月に2万円減っても大丈夫」なら720万円（360×2万円）を、10万円減っても大丈夫なら3600万円（360×10万円）を最悪の場合のロス額にすることができます。

利回りや物価変動、個人の事情などを考えない大ざっぱな計算ですが、老後の資金計画や資産運用のリスクが実感としてわかりやすいため、参考になるはずです。

360計算方式を応用した退職後の運用例

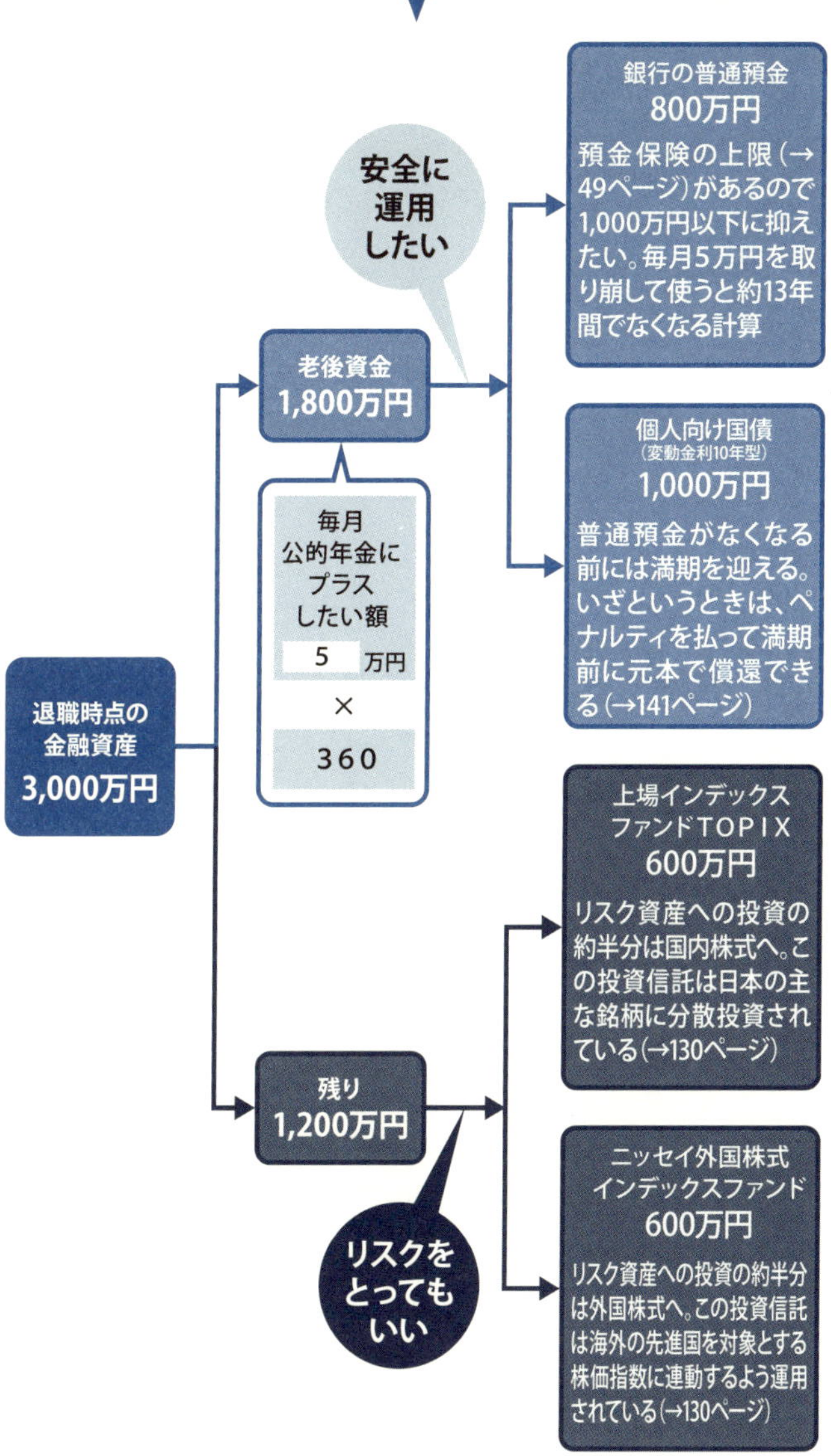

360計算方式を応用した具体的な運用例

老後の生活と運用について、具体的な例で考えてみましょう。退職時点で退職金と貯蓄額を合わせて3000万円持っている人から運用を相談されたら、たとえば次のようなプランを考えます。

まず、毎月の生活費は年金プラス5万円で行います。95歳まで生きるなら1800万円（5万円×360ヶ月）必要です。生活必要資金ですから、800万円を銀行預金に預け、1000万円で個人向け国債（変動金利10年型）を購入します。

残った1200万円はリスクを取ってもいいので、リスク資産で運用します（→130ページ）。本来はもっと多くリスクを取っても大丈夫でしょうが、慎重な人向けの運用プランです。

TOPIC 30
確定拠出年金とNISA

確定拠出年金を今すぐ利用しよう

- 確定拠出年金とNISAは利用しないと「もったいない」制度です。
- 確定拠出年金は自分で運用します。
- 運用商品の選択は手数料の安さを考えて行いましょう。

税制が優遇されている分得になる

将来の経済状況や、お金の運用結果を正確に予想することはできません。しかし、**コストの圧縮は個人の工夫である程度は可能です。**

そのために利用したいのが、**確定拠出年金とNISA《ニーサ》**です。確定拠出年金、NISAは多くの人が利用できる税制優遇制度です。コスト圧縮に大いに効果を発揮します。

これらの**制度は、利用しなければ、はっきり「もったいない」と言えます。**

確定拠出年金は、原則として60歳から老齢給付金を受け取ることができる比較的、新しい年金制度です。

公的年金や企業年金制度と大きく違うのが、**自分で運用方法を決めることです。**運用がうまくいけば将来の給付額が増えますし、失敗すれば減るリスクがあります。

一番のメリットは、支払う掛け金、運用中の収益、受け取る給付金に、**税制上、手厚い優遇制度が用意されていることです。**このメリットは最大限活用すべきです。

どの商品を選べばいいのか？

確定拠出年金には「企業型」と「個人型」があり、勤め先が確定拠出年金を採用している場合は、「企業型」に加入します。「個人型」は、前述以外の人のうち、一定の条件を満たした人が加入できるしくみです。

確定拠出年金は、確定拠出年金を扱っている銀行や証券会社など（**運営管理機関**という）が用意する商品ラインナップから商品を選択して運用します。運営管理機関によっては、外国

確定拠出年金の制度の概要を確認しておこう

原則として60歳から受け取ることができる

企業型と個人型があり、
それぞれで加入要件が異なる

個人型は自分で運営管理機関を選んで申込む。
企業型は企業が選んだ運営のラインナップから選ぶ

運営管理機関（銀行・証券会社など）が用意する
確定拠出年金を対象とした商品ラインナップは
機関によって差が大きく、コストも違う

運用する対象（運用商品）は
自分で決めることができる（運用リスクは自分が負う）

税制上の優遇制度（掛け金は全額が所得控除になり、
運用期間中の収益は非課税、給付金を受け取るときにも
税制優遇処置を受ける）が用意されている

転職・退職しても年金を移行することができる
（従来の企業年金制度では、移行は困難）

株式のインデックス・ファンドで**一般に販売されている商品よりも運用手数料が安い商品が用意されている場合があります。**

そのため、**どの商品が有利かどうかは、ラインナップによって異なります。運営管理機関の選択が重要**です。

しかし残念ながら、企業型の確定拠出年金の場合、企業が契約する運営管理機関でしか商品を購入できないうえ、手数料の高い商品ばかりラインナップしている例も見られます。商品選択の際は注意してください。

確定拠出年金の運用商品を選ぶコツ

1
自分の資産全体の
運用計画を決めて、
その一部を割り当てる

2
割り当ての際には、「期待収益率の高いもの（運用益非課税のメリットが活きる）」と「通常の運用商品より安い手数料で買える商品があればそのメリット」を考慮する

3
アセットクラスごとに
1商品で
シンプルなものを
選ぶ

4
同じリスク内容なら
コストの安い商品を選ぶ

どの確定拠出年金に加入できるか、掛け金はいくらまでか確認しよう

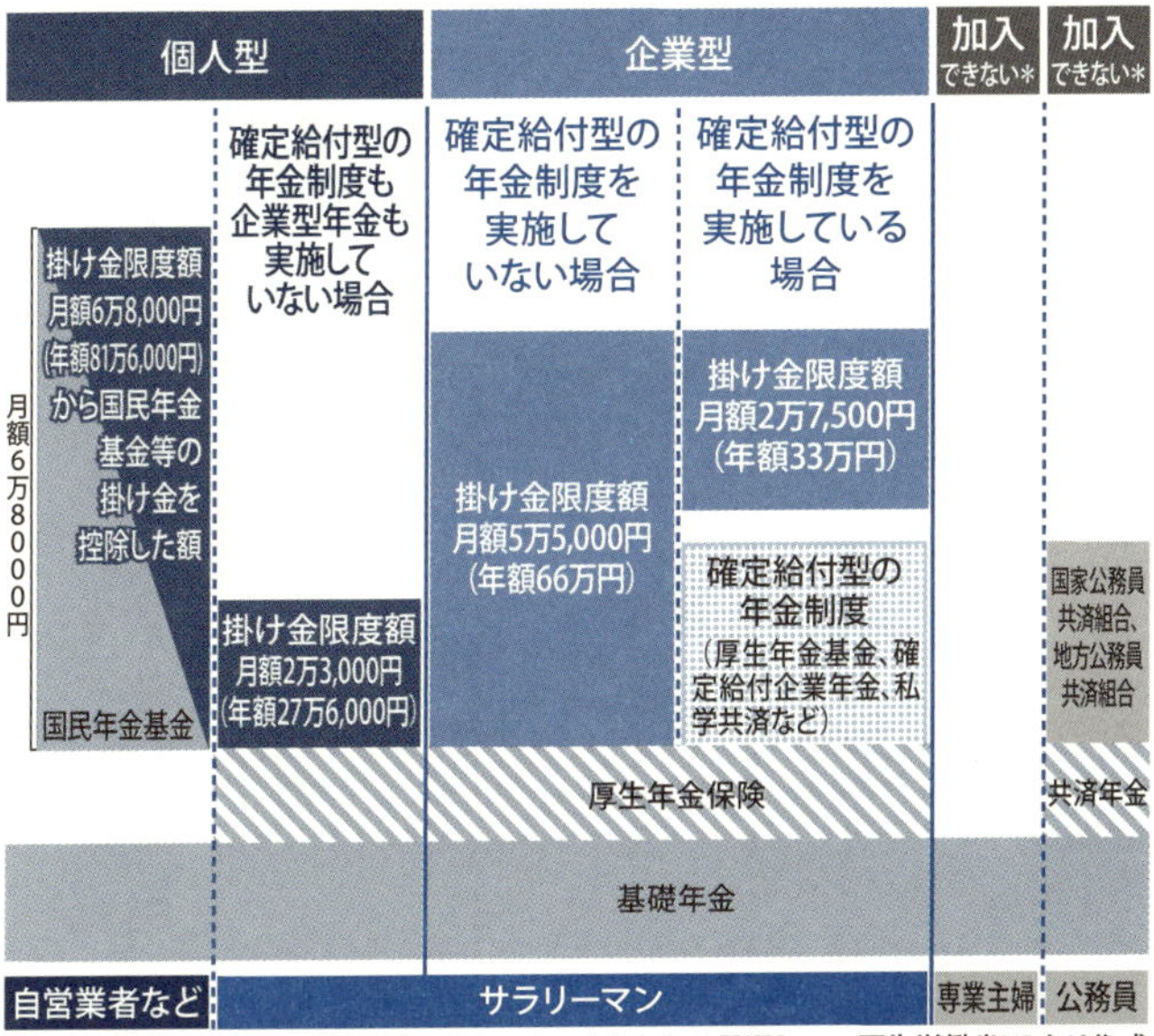

＊今後、専業主婦、公務員ともに加入できるようになる見通し　＊厚生労働省HPより作成（2015年6月現在）

One Point Advice !

制度改正の最新情報に注目しよう！

確定拠出年金はより使いやすい制度になるよう、現在も法改正の議論がなされています。

たとえば現在では加入できない公務員、企業年金のある会社員、専業主婦なども対象にするなどです。

ここで紹介している制度は本書執筆時点のものですから、法改正の情報にも注目してください。

TOPIC
31
確定拠出年金と
ＮＩＳＡ

ＮＩＳＡを最大限に利用しよう

●年間１００万円（平成28年から１２０万円に拡大予定）まで非課税で運用できます。
●証券会社のネット取引でインデックス・ファンドを買うのが合理的な活用法です。

年に１００万円（平成28年から１２０万円）まで5年間非課税！

ＮＩＳＡとは少額投資非課税制度の通称です。年１００万円を上限に（平成28年から１２０万円に拡大予定）、新しく購入した分の配当や譲渡益が最長5年間、非課税になります。つまり**最大５００万円（平成28年からは６００万円）まで**

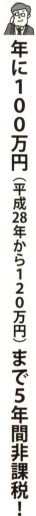

非課税で運用できるわけです。

通常、金融商品の運用益には20・315%の課税がされますが、この分が免除されます。

NISAは、**20歳以上の日本在住者なら誰でも利用できます**。

さらに平成28年からは0~19歳までが利用できるジュニアNISA制度も開始されます。こちらは年80万円が限度で、親権者等が代理で資産運用を行うことが可能です。

ネット証券でインデックス・ファンドを購入

NISAは証券会社や銀行等でNISA専用口座を開設し、**金融機関が用意した商品ラインナップの中から投資商品を選ぶ**というしくみで

NISA制度の特徴

POINT①
NISA口座内での
運用益は全額非課税

POINT②
年間の投資額の上限は
100万円
(平成28年以降は120万円)

POINT③
口座を開く金融機関によって
投資できる商品が異なる
(銀行には株式・ETFがない)

POINT④
現在時点では
期間限定の制度
(今後恒久化する可能性は高い)

す。

金融機関によって扱う商品が異なりますので、**どこで口座を開くかが重要**になります。

ただし、銀行で運用できるのは株式投資信託のみで、上場株式や手数料の安いETF（上場型投資信託）は証券会社のみ投資が可能です。

そのため、ほとんどの人にとっての現実的な選択肢は次の2つになります。

①手数料の安いネット証券か証券会社のネット取引で

②手数料の安いインデックスファンド（特にETF）を選択する

NISAの注意点

☑ **開設できる口座は原則1人につき1口座**

一度開設すると、その年度はもう変更できない

☑ **途中で売却した分の非課税枠は再利用できない**

60万円を運用中に30万円売却しても、その後に利用できるのは、もともとの40万円（平成28年からは60万円）

☑ **非課税枠の未使用分を翌年に繰り越せない**

今年60万円しか使わなかったとしても、翌年に140万円（平成28年からは160万円）利用できない

☑ **他の口座との損益通算・損失の繰越控除はできない**

売買損益が出ても、その他の口座の収益と損益通算はできない

☑ **すでに持っている運用商品などは対象外**

NISA口座は新たに購入した運用商品が対象

NISAのしくみ

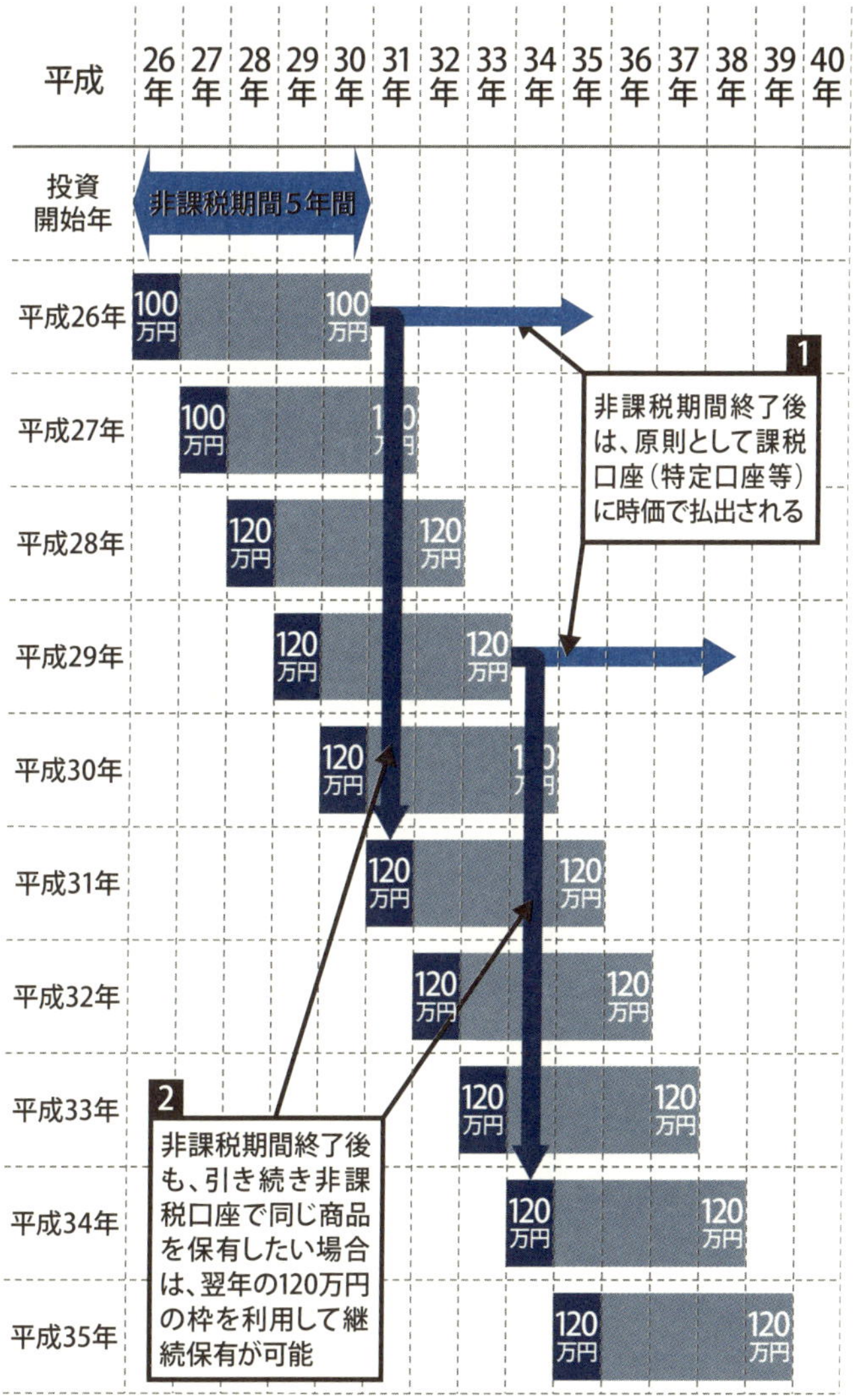

＊平成28年の改正後のイメージ　＊金融庁HPより作成

TOPIC
32
確定拠出年金と
NISA

確定拠出年金とNISAの最適な利用法

●運用資産は確定拠出年金、NISAのみではなく、「自分の運用全体」で考えます。
●NISAはTOPIX連動型ETF、確定拠出年金は外国株式のインデックス・ファンドが狙い目です。

リスク資産を集中させる

確定拠出年金とNISAは、「運用全体の中で考える」ことが重要です。

確定拠出年金だけ、NISAだけ、またはその2つだけを考えるのは「木を見て森を見ず」の状態です。典型的なのは、NISA口座内、確定拠出年金内でそれぞれの商品を個別に分散投資するようなケースです。

これでは、せっかくの節税効果が半減してしまいます。あくまで運用全体の中で考えていきましょう。

また、節税効果を最大限に得るためには、**収益が期待できるリスク資産を確定拠出年金、NISAに集中させるのが基本。**

確定拠出年金とNISAの枠に入らなかった分、また期待リターンが相対的に小さくなる元本保証の商品を、通常の課税される口座で運用しましょう。

配分の手順から最適解を得る

結論から言うと、次のような手順で考えると、節税効果を最大限に得やすくなります。

①外国株式のインデックス・ファンド（↓130ページ）はできるだけ確定拠出年金で運用（一般向けより運用手数料の安い商品が多いため）

②国内株式のインデックス・ファンドのうち、**TOPIX連動型ETF（上場型投資信託）（↓130ページ）をNISAで運用**（短期売買の可能性が低いため）

③制度を利用しきれなかった分を通常の課税口座で運用

事例でわかる具体的な配分方法

以上をふまえたうえで、具体的な配分例を紹介しましょう。金融資産が多いＡさんと少ないＢさんですが、基本的な考え方は同じです。

ケース①Aさん

リスク資産に投資する７００万円のうち、国内株式のインデックス・ファンド、外国株式のインデックス・ファンドにそれぞれ３５０万円ずつ投資すると、バランスよい分散投資となります。ＮＩＳＡでは、節税効果を最大限に得るため、掛け金上限の１００万円をＴＯＰＩＸ連動型ＥＴＦで運用します。残りの１５０万円を課税される通常口座で運用します。

ケース②Bさん

リスク比率が高くてもよい若者などのケースです。確定拠出年金残高80万円を全額、外国株式のインデックス・ファンドにします。ＮＩＳＡで掛け金上限の１００万円を、ＴＯＰＩＸ連動型ＥＴＦに90万円、外国株式のインデックス・ファンドに10万円割り振ります。残りの20万円は無リスク資産で運用しましょう。

事例で最適な運用を考えてみよう

ケース1　金融資産1,400万円のAさん

- リスク資産は約半分の700万円を計画
- 確定拠出年金の残高450万円

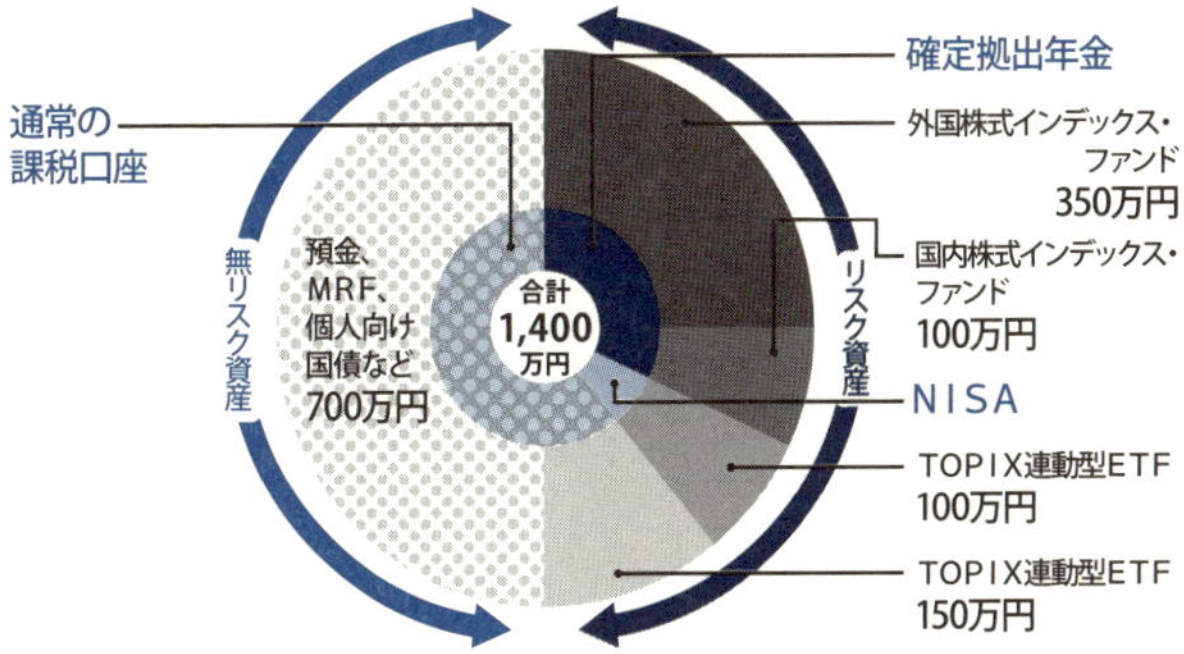

ケース2　金融資産200万円のBさん

- リスク資産の比率が大きくてもいい
- 確定拠出年金の残高80万円

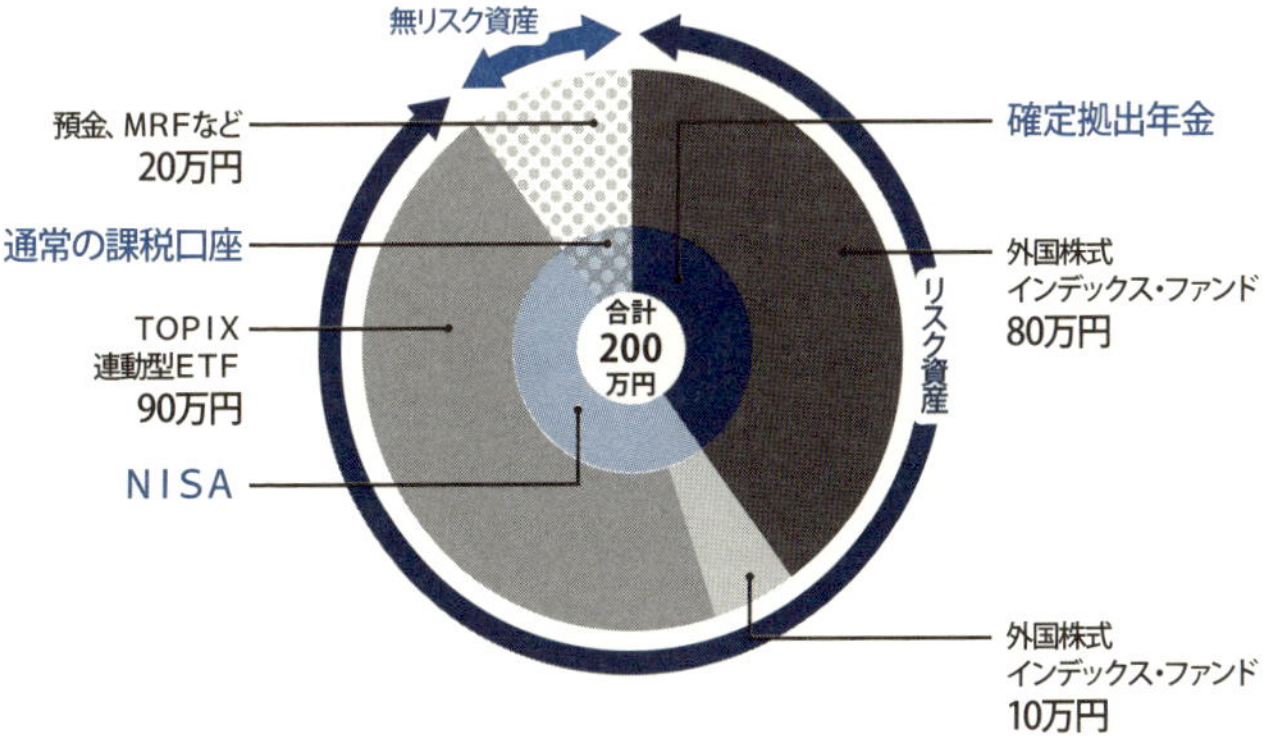

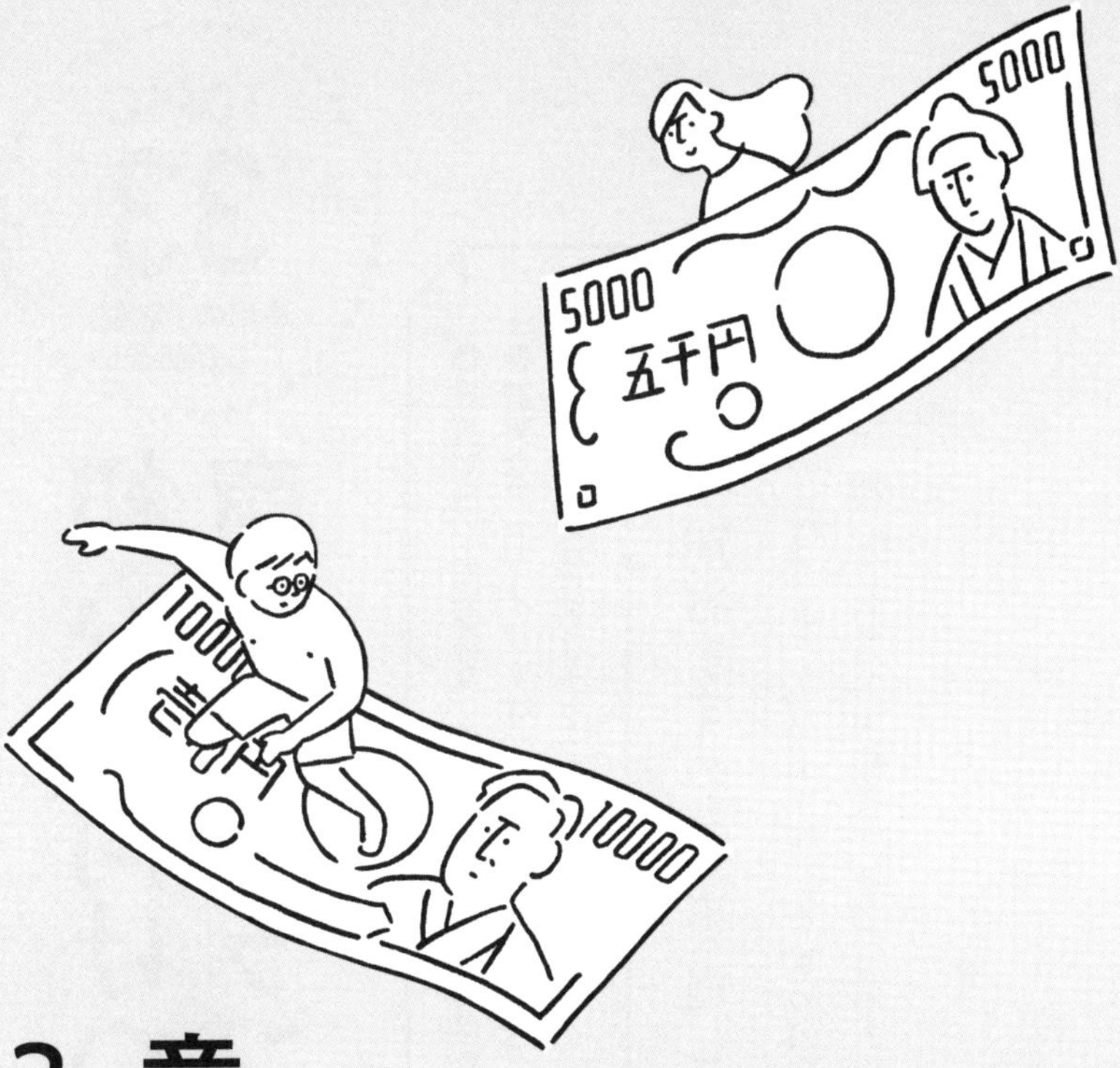

3章

運用のリテラシー・考え方

お金を運用する際には、正しい知識を身に付けて、合理的に意思決定することが大切です。しかし、金融業界では当たり前とされている「説」が間違っていることがありますので、よく確認してみてください。

TOPIC 33

運用の「常識」ここが間違い

初心者向けの特別な商品やプランなどない

- 投資では、老若男女、初心者と上級者の区別はありません。
- 誠実なアドバイザーは、誰に対しても、自分がベストと思う商品の組み合わせをすすめます。
- プロが使う特別なテクニックはありません。

タイプ別おすすめ商品を怪しもう

マネー雑誌には、よく「タイプ別おすすめの商品」などが特集されています。若者向け・高齢者向け、初心者向け・中級者向けと、個人投資家をタイプに分けて、マネープランを掲載するものです。

しかし、これらはすべて間違いと言わざるを得ません。**投資では老若男女、また初心者と上級者の区別はありません。**

たとえば、株式投資を例にとると、同じ銘柄を同じだけ、同じ期間、保有していれば、**初級者にも上級者にも同じだけのリスクとリターンがあります。**

意味があるのは、「効率のいい（悪い）商品」、「コストの高い（低い）、ダメな（いい）商品」といった区別だけです。リスク金額は投資の額で調整するのが確実かつシンプルです。

それでも、タイプ別におすすめの商品を紹介する記事が後を絶ちません。その理由は、そのほうがページを作りやすいからであり、金融機関の広告を集めやすいからです。

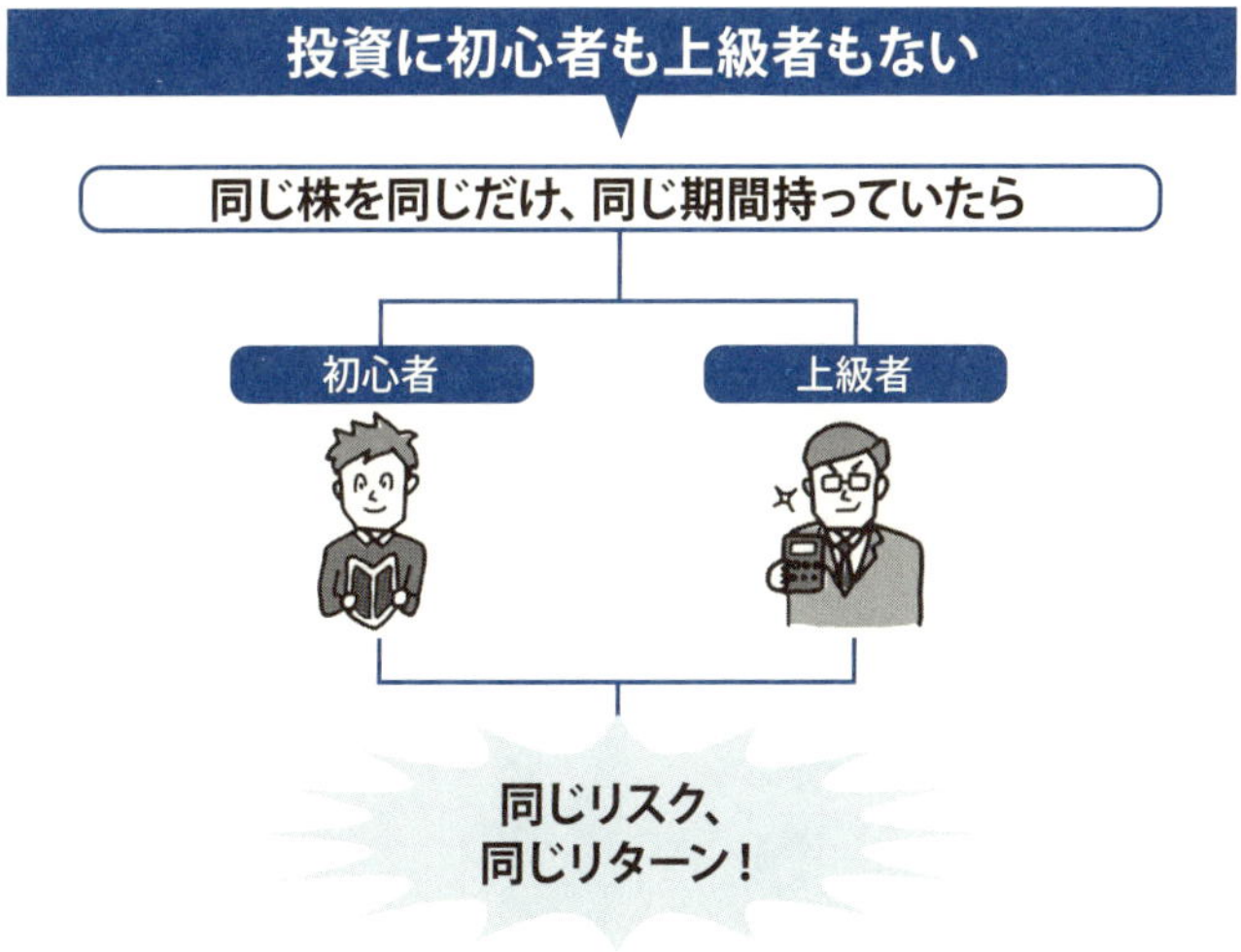
投資に初心者も上級者もない
同じ株を同じだけ、同じ期間持っていたら
初心者
上級者
同じリスク、
同じリターン！

「初心者に人気の商品」「高齢者向きの商品」といった売り手の常套句は聞かないようにしましょう。

金融商品をすすめる立場にある**アドバイザーが誠実なら、基本的に誰に対しても、自分がベストと思う商品の組み合わせをすすめるはず**です。タイプ別におすすめ商品を変えるのは、商品を売りたい金融機関の営業戦略に迎合しているのでしょう。

個人投資家の立場に立っていない不誠実なアドバイザーと言わざるを得ません。

金融のプロは魔法を使えるわけではない

投資信託についても、一般の投資家はプロの

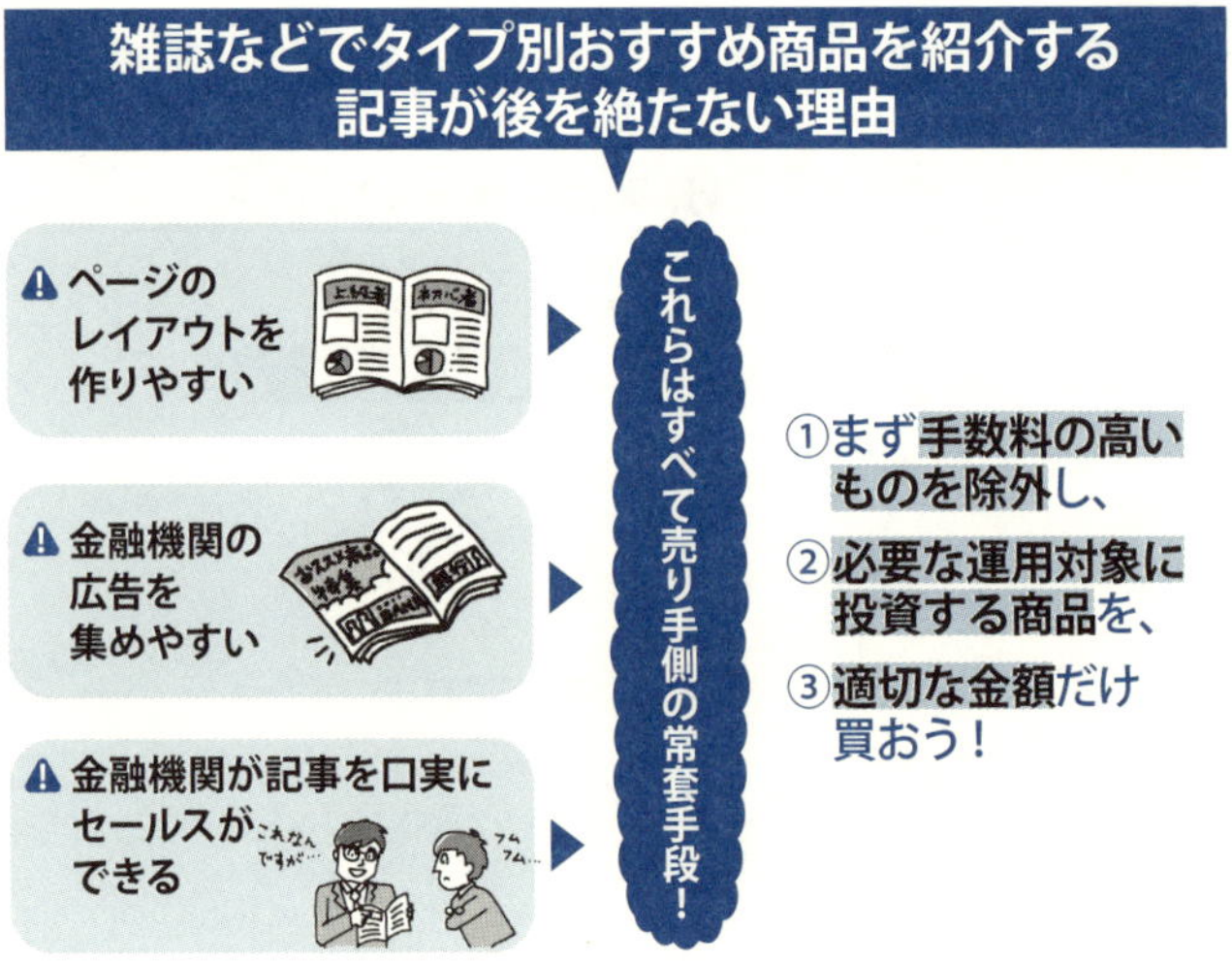
雑誌などでタイプ別おすすめ商品を紹介する記事が後を絶たない理由
ページのレイアウトを作りやすい
金融機関の広告を集めやすい
金融機関が記事を口実にセールスができる
これなんですが…
フムフム…
これらはすべて売り手側の常套手段！
①まず手数料の高いものを除外し、
②必要な運用対象に投資する商品を、
③適切な金額だけ買おう！

ファンドマネジャーを過信する傾向があります。投資信託の最大のメリットは、資金が少ない個人投資家でも分散投資ができるということです（→118ページ）。

投資信託はたしかにプロが運用するものですが、**プロだけが使える魔法のように儲かる運用術はこの世の中にない**のが現実です。

運用者個人の能力に期待して、手数料が高い投資信託などを買わされないように注意しましょう（→176ページ）。

投資信託を購入する際には、①まず手数料の高いものを除外し、②必要な運用対象に投資するシンプルな商品を、③適切な金額だけ買いましょう。

One Point Advice !

インフレ・リスクも金融セールスのネタ

将来のインフレ、特に老後のインフレは生活にとって心配な材料ですが、「インフレ対策」を口実にして金融商品をセールスするのは金融機関のマーケティングの典型的な「手口」です。

さらに、インフレ・リスクをことさら強調した金融商品セールスが行われる実態もあります。過剰反応しないで、じっくり様子を見てから判断しましょう（→ 224 ページ）。

その時々に合わせた運用をして結果的にインフレに勝てたらいい、と考えるくらいがちょうどよいと思います。

TOPIC
34
運用の「常識」
ここが間違い

インカム・ゲインとキャピタル・ゲインを分けて考えない

- インカム・ゲインとは利息、株式の配当などの現金収入のことです。
- キャピタル・ゲインとは株式や債券の価格など運用元本の値上がり利益のことです。
- 利回り計算の基本を押さえましょう。

分けて考えると判断を誤る

資産運用では、**インカム・ゲインとキャピタル・ゲインを「合わせて」考える**のが基本です。**インカム・ゲイン**とは預金の利息のような現金収入のこと。インカム・ゲインは多くの場合、定期的な収入となります。ほかに、株式の配当、投資信託の分配金などがあります。

一方、**キャピタル・ゲイン**は株式の価格、債券価格、投資信託の基準価額など、運用元本が値上がりしたことによって発生する利益のことです。

一般的に、**個人投資家はインカム・ゲインを重視しすぎる傾向があります。**たしかに、毎月、または半年ごとなど、定期的に入るインカム・ゲインは得が大きいような感じがしますが、これは不適切な思い込みです。インカム・ゲインとキャピタル・ゲインを区別して考えてしまうと、損得の判断を誤ってしまいます。

利回りの計算方法を知ろう

具体的にインカム・ゲインとキャピタル・ゲインの利回りを計算してみましょう。

事例① 1,000円で買った株式の利回り

- 1年前に1,000円で株式を買った
- 株式配当が10円支払われた
- 配当には税金が20%かかる
- 1年後、株価が1,040円に値上がりした

株式配当

8円

1,000円 → 1年後 1,040円

40円UP!

インカム・ゲイン8円 ＋ キャピタル・ゲイン40円 ＝ 収益48円

収益48円 ÷ 購入金額1,000円 ＝ 0.048 ＝ 利回り4.8%

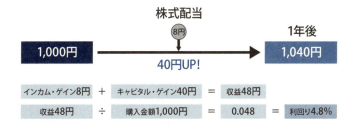

事例①は配当があるうえ、株式も値上がりしているため、パッと見ただけで得をした感じがすると思います。実際に計算してみても、**利回りは4・8%とプラスの結果**です。

次に事例②について考えてみましょう。分配金は毎月受け取っていますが、投資信託の基準価額が下がっています。プラスでしょうか。マイナスでしょうか。

「基準価額は1000円下がったけれど、分配金があるから」と、何となく得をした感じがしたかもしれません。しかし、**実際に計算すると、利回りはマイナス0・4%です。**

インカム・ゲインを重視して、キャピタル・ゲインとの合計で考えないと、損をするのは事例②のような例です。

事例② 1万円で買った毎月分配型投資信託の利回り

- 1年前に1万円で毎月分配型の投資信託を買った
- 毎月、100円の分配金が支払われた
- 分配金には税金が20%かかる
- 1年後、基準価格が9,000円に値下がりした

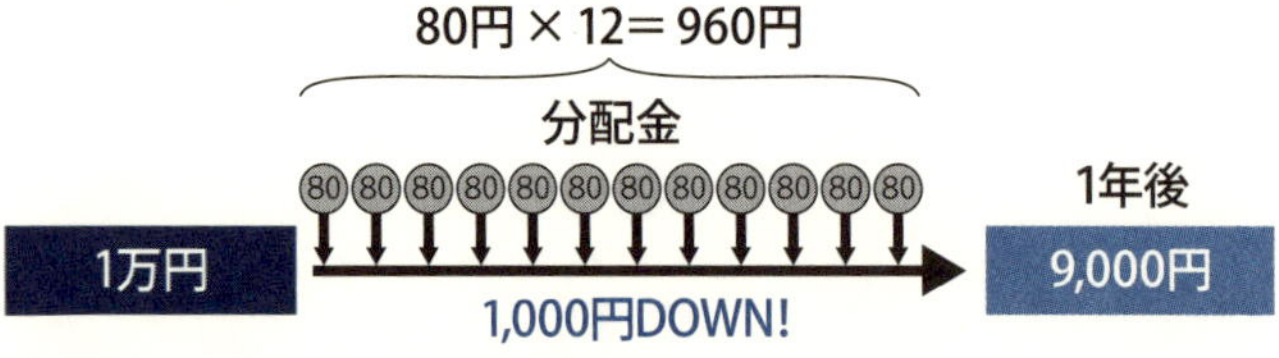

インカム・ゲイン960円 ＋ キャピタル・ゲイン▲1,000円 ＝ 収益▲40円

収益▲40円 ÷ 購入金額1万円 ＝ ▲0.004 ＝ 利回り▲0.4%

なお、「インカム・ゲインとキャピタル・ゲインは合わせて考えたけれど、**税金や口座手数料などを忘れていた**」というのもよくあるケアレスミスです。注意しましょう。

毎月分配型に投資するな

事例②の毎月分配型の投資信託は特殊なケースではありません。毎月分配型は1年ごとに分配金を支払うものに比べて、早い時点で分配金に課税されます。利回りがプラスの場合、**課税が早い分、計算上必ず損をする商品**と言えます。

加えて、毎月分配型の商品は元本部分に大きすぎるリスクがあったり、手数料が高かったりするので、**利回り以外の要素でも、現存の商品はすべてダメだと断言できます。**

One Point Advice !

感情に引きずられないように注意！

損得を考えるとき、人間は合理的に計算して導き出した結果より、「こんな感じがする」という感情に引きずられることがあります。

時として、合理的な結果と感情の間に金融機関が入り込み、感情をあおられ、利用されることもあります。感情だけで判断していると、カモになるかもしれません。

TOPIC 35

運用の「常識」ここが間違い

運用業界の「不都合な真実」

- ●アクティブ・ファンドの平均パフォーマンスはインデックス・ファンドを下回ります。
- ●将来、よい結果を出すファンドを事前に選ぶことはできません。
- ●個人投資家にはインデックス・ファンドのほうが適切です。

不都合な真実①
アクティブの平均はインデックスに劣る

これまで投資信託について、インデックス・ファンドについて紹介してきましたが、投資信託にはもう一つ**アクティブ・ファンド**があります。両者の違いを整理しましょう。

◎アクティブ・ファンド……市場平均を上回る運用を目指すアクティブ運用を行うファンド

◎インデックス・ファンド……市場平均並みの運用を目指すパッシブ運用を行うファンド。日本株の代表的なインデックス・ファンドはTOPIX連動型（→130ページ）

このように説明されると、アクティブ・ファンドのほうが利回りがいいように感じるかもしれません。

しかし残念ながら、**アクティブ・ファンドの平均パフォーマンスは、インデックス・ファンドの平均パフォーマンスを下回ります**。これが、運用業界の「不都合な真実」の1つ目です。

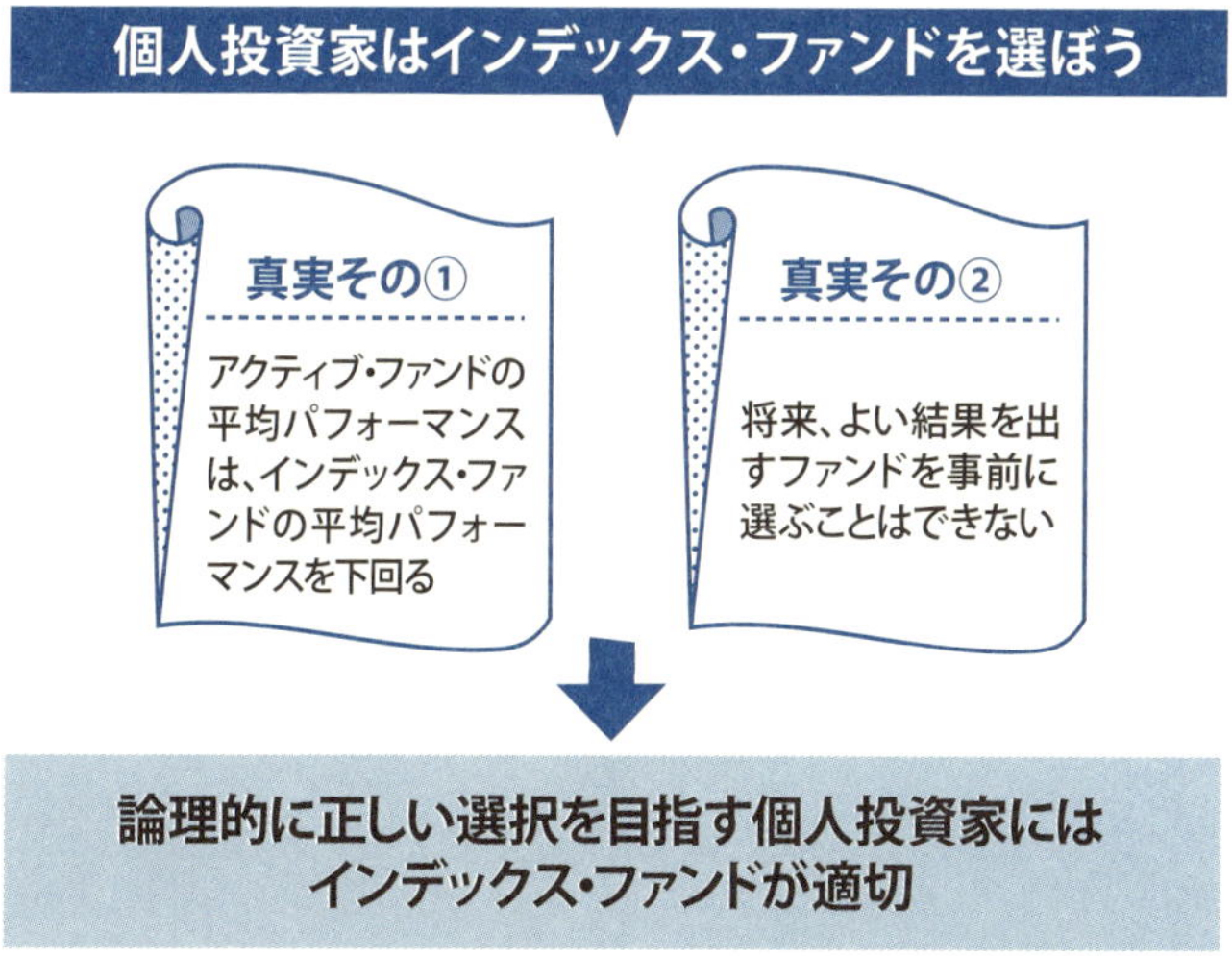
個人投資家はインデックス・ファンドを選ぼう
真実その①
アクティブ・ファンドの平均パフォーマンスは、インデックス・ファンドの平均パフォーマンスを下回る
真実その②
将来、よい結果を出すファンドを事前に選ぶことはできない
論理的に正しい選択を目指す個人投資家には
インデックス・ファンドが適切

手数料の高さを超えられない

平均以上を目指すアクティブ・ファンドが、平均を目指すインデックス・ファンドを下回るのを不可解に感じるかもしれません。

これは、プロが特別に使える運用のノウハウなど存在しないからです（↓168ページ）。**さらにアクティブ・ファンドは運用手数料が高く、売買手数料も多くかかります。**

プロの運用成績調査を見ると、アクティブ・ファンドの運用成績は平均と同じか、わずかに下回る程度。年によって異なりますが、おおむね6割のアクティブ・ファンドが市場平均を下回ります。

そのため、運用成績がよくて平均並みだとしても手数料の分、インデックス・ファンドのほうが有利になるわけです。

不都合な真実②
過去の成績は未来を保証しない

もちろん、一部には平均を上回る成績を残すアクティブ・ファンドもあります。しかし残

アクティブ・ファンドとインデックス・ファンドの運用の違い

[アクティブ・ファンドのイメージ]

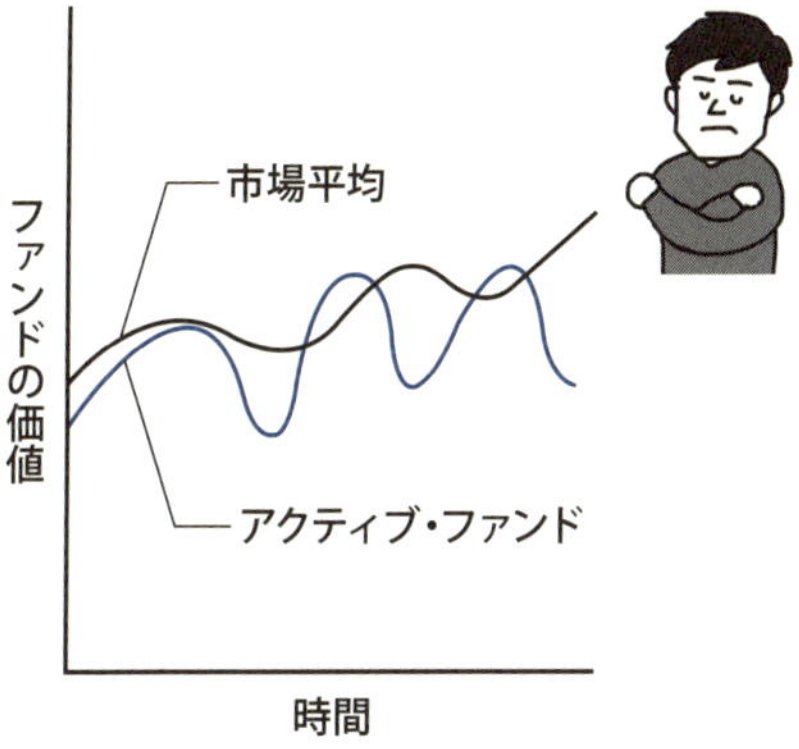

▶運用者の裁量による
▶手数料が高い

[インデックス・ファンドのイメージ]

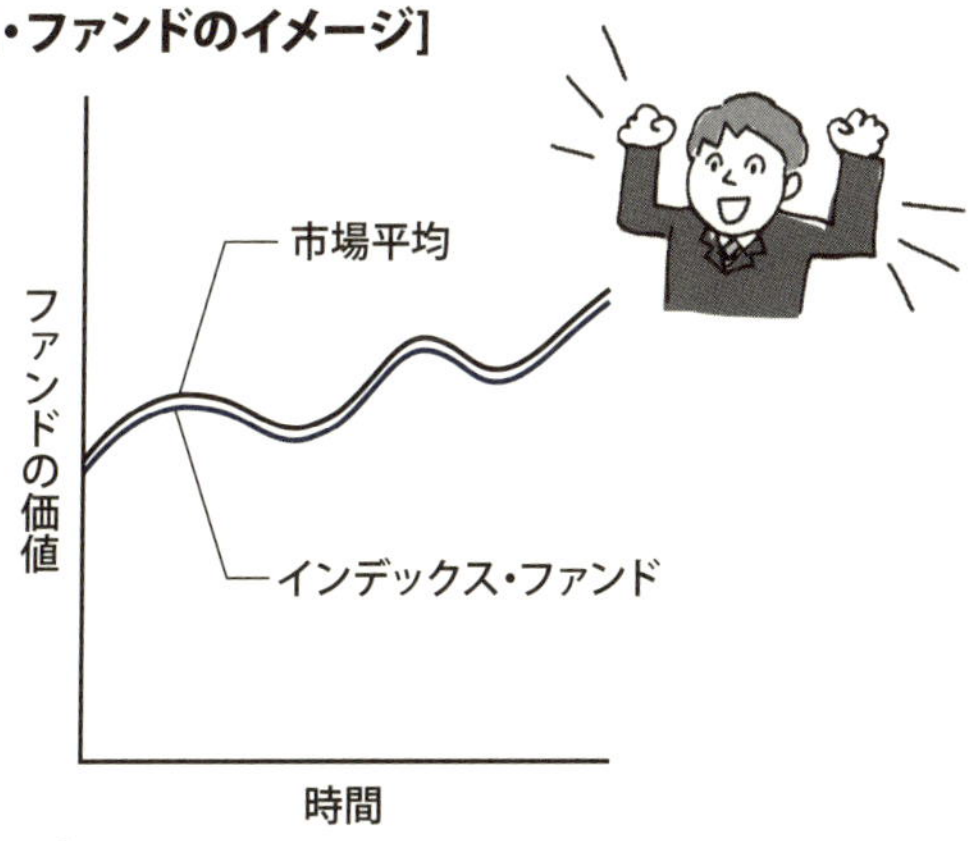

▶株価指数に連動する
▶手数料が安い

念ながら、**将来、よい結果を出すファンドを事前に選ぶことはできません。**これが2つ目の運用業界の不都合な真実です。

セールスマンが「よいファンドを選ぶ目利きが大切です」とアドバイスすることがありますが、運用では、**過去、成績がよかったからと言って、将来も成績がいいとは判断できません。**

たしかに、ファンドを選び、賭けるのは、ゲームのような楽しさがあります。その意味で、アクティブ・ファンドへの投資は道楽の一つとしてならいいでしょう。

しかし、**個人投資家がお金を運用するなら、無難で、かつ論理的に正しい意思決定を行うことが大切です**（→132ページ）。アクティブ・ファンドへの投資は非合理的な選択なのです。

One Point Advice !

ＥＴＦは「いい手数料のファンド」と読もう

ＥＴＦは Exchange Traded Fund の略で、「上場型投資信託」と呼ばれます。名前からわかるように、市場で取引できる投資信託です。

ＥＴＦの最大のメリットは手数料が安いことです。証券業界ではＥＴＦを頻繁に売り買いさせる「イージーにトレードするファンド」として売り出そうとしているように見えますが、投資家としては、じっくり保有する「いい（安い）手数料のファンド」だと考えるべきです。

投資対象として有望なのがＴＯＰＩＸ連動型のインデックス・ファンドです（→ 130 ページ）。

TOPIC
36
運用の「常識」
ここが間違い

長期投資でリスクは減少しない

- 「長期投資はリスクを縮小させる」は間違いです。
- 運用のプロでも、間違った説を信じている人が多くいます。
- 若者がリスクを取れるのは、主に人的資本が大きいからです。

長期投資でリスク自体は拡大する

「投資リスクは運用期間が長くなるほど縮小するため、運用期間を長くとれる若者はリスク資産への投資比率が大きくてよい」と言われることがよくあります。

これは、半分が間違いで、半分が正解です。

まず、**「長期投資はリスクを縮小させる」は間違い**です。

当たり前ですが運用期間が長期化するほど、運用資産額が取り得る上下の幅は拡大し、投資家にとっての不確実性は拡大します（その代わり期待収益も増えます）。

通常、運用期間の長さにつれて資産額の期待値もリスクも、ともに拡大します。

間違った説を信じるプロも多い

日本では金融機関に勤めるプロの中でも、「長期投資はリスクを縮小させる」と信じている人が多くいます。

そして、この**明らかに間違った説は金融機関にとって都合のよい説**でもあります。

「長期運用だとリスクが縮小するので、大きなリスクがある運用商品に投資できる」と説得できるからです。

その裏には、大きなリスクをとる商品は、そうでない商品よりも**手数料が高いため、金融機関にとって実入りのいい商品**だという面があります。

これが、あちこちでこの説を根拠にしたセールスが行われている理由です。

若者はリスク資産に投資していい

ところが冒頭、後半の**「若者はリスク資産への投資比率が大きくてもいい」というのは、多くの場合、結果的に合っています。**

しかし、その理由は主に「運用期間が長いから」ではなく、**「人的資本が大きいから」**です（↓101ページ）。

今後も稼げる見込みが大きいため、保有する金融資産の大きな割合をリスク資産に振り分けることができます。

長期投資のメリット

長期投資はリスクを拡大させますが、他方で

One Point Advice !

長期投資リスクの間違った説を唱えたマルキール

資産運用の優れた啓蒙書として知られるバートン・マルキールの『ウォール街のランダムウォーカー』（井手正介訳、日本経済新聞社）でも、長期投資リスクについて間違った説明をしています。あまりに有名な本なので、間違いを広めるきっかけになったのは残念です。

しかし、本全体としてはすばらしく、勉強になる本です。私も大学の授業でテキストに採用したり、多くの人にすすめたりしています。

メリットもあります。

まず、長期間資本を提供することによって運用資産額の成長が期待できます。運用期間の長期化の影響は、リスク・リターン両面を考えるとおおむね中立的です。

加えて、売買するときに発生するコストが年率換算で小さくなることです。

たとえば売買手数料が1％の投資信託を10年間持っていたら、1年あたりのコストは0・1％（1％÷10年間）です。

長期投資で有利になるのは、ほぼこの売買コストだけです。

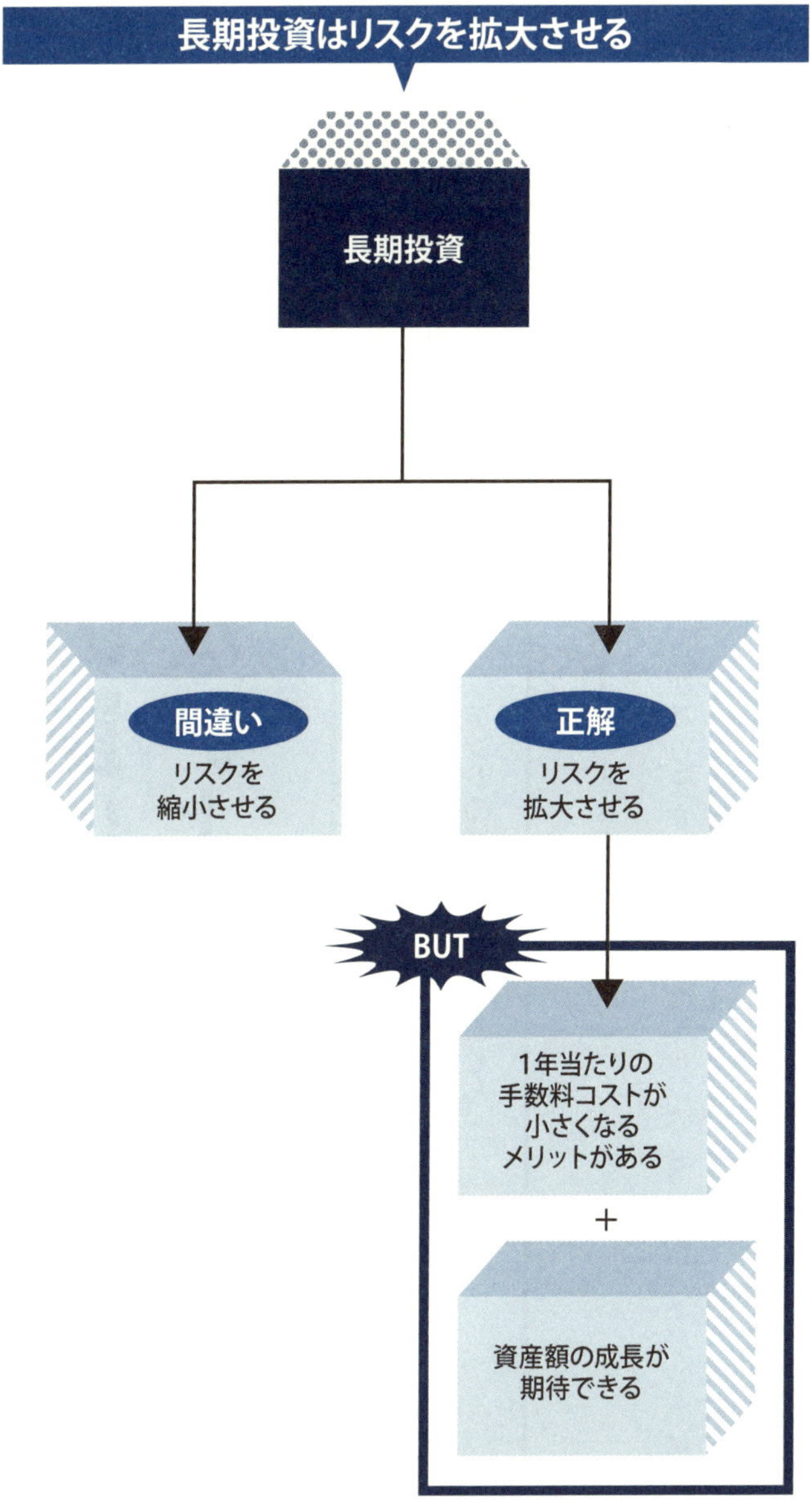
長期投資はリスクを拡大させる
長期投資
間違い
リスクを
縮小させる
正解
リスクを
拡大させる
BUT
1年当たりの
手数料コストが
小さくなる
メリットがある
＋
資産額の成長が
期待できる

TOPIC
37
運用の「常識」ここが間違い

手数料の罠にはまらないようにしよう

- 手数料は確実なマイナスリターンです。
- 販売手数料はノー・ロードのものを選びましょう。
- 信託報酬で見るとアクティブ・ファンドの選択肢はありません。

投資信託のデメリット

投資信託にはさまざまなメリットがありますが（→118ページ）、**最大のデメリットは手数料がかかること**です。

運用はお金を増やすことを目的にしている一方で、**手数料は確実なマイナスリターン**です。

運用商品の選択にあたっては、**できるだけ手数料が安いものを選ぶこと**が、個人ができる最大の運用の「改善」だと言えます。

売買手数料は無料のものを選べ

投資信託の手数料には、主に**「販売手数料」と「信託報酬」**という2つがあります。

販売手数料は、投資信託の販売会社に支払うもので、購入時だけにかかります。

販売手数料は「商品」によって、また同じ商品でも「販売窓口」によっても異なります。

最近では、販売手数料を取らないファンドや販売会社も増えています（ノー・ロードという）。

主にネット証券で多く扱っています。

また、ネット証券でなくとも、窓口よりインターネット取引のほうが手数料が安かったり、ノー・ロードだったりします。

販売手数料については、次の2点を十分に確認しましょう。

①どの商品の販売手数料がノー・ロードなのか

②どこで買えばノー・ロードなのか

ETFは別として、今時ノー・ロード以外の投信ははじめから除外してかまいません。

信託報酬は長期になるほど差が出る

信託報酬とは、投資信託の運用と管理のために、保有している期間、ずっとかかる手数料です。日々の運用資産から差し引かれ、販売会社、運用会社および受託銀行の3社で案分されます。

信託報酬はあらかじめ年率で決まっているのですが、運用資産から自動的に差し引かれるため、**あまり気にしない人もいるようです。**しかし、毎日かかるものですから、厳しくチェックする必要があります。

たとえば、**アクティブ・ファンド**（↓176ページ）の場合、年率1・5％前後の信託報酬が

One Point Advice !

解約時にコストがかかるファンドもある

ファンドによっては、解約時に「信託財産留保金」というコストがかかるものもあります。投資家がファンドを解約すると、ファンドは投資していた有価証券などを売却して解約金を返却するため、ファンドにとどまる投資家にとってコストをもたらすことを補うのが目的です。ファンドを去る投資家が、とどまる投資家に払うコストと言えます。

そのため、ファンドにとどまる人にとってはデメリットにならないコストです。しかし、短期間で売買する際にはコスト高の要因になりますから、注意が必要な場合があります。

投資信託にかかる2つの手数料への対策

①販売手数料

- 投資信託の販売会社に支払う
- 購入時だけにかかる
- 商品によって金額が異なる
- 商品が同じでも、購入窓口によって金額が異なる
- ノー・ロード（無料）の商品もある

↓

対策
- 販売手数料のないノー・ロード商品を探す
- ノー・ロードになる、もしくはより安くなるネット証券かインターネット取引で購入する

②信託報酬

- 投資信託の運用と管理のためにかかる手数料
- 保有している期間、ずっとかかる
- 商品によって金額が異なる
- 販売会社、運用会社、受託銀行の3社で案分される
- 日々の運用資産から差し引かれる
- あらかじめ年率が決まっている
- アクティブ・ファンドとインデックス・ファンドでは金額が倍以上違う商品もある

↓

対策
- 信託報酬がより安い商品を探す

かかるものが多数あります。10年運用したら、単純計算で15%です。

一方、**インデックス・ファンド**（→130ページ）は年率0・5%を切るものもあり、10年間で5%にしかなりません。アクティブ・ファンドと比較すると半分以下ですみます。ETF（上場型投資信託）なら年率0・1%前後です。

運用期間が長くなるほど、信託報酬の差が出るのは言うまでもありません。最重要のチェックポイントです。

TOPIC 38
運用の「常識」ここが間違い

外国為替・外貨預金をすすめない理由がある

- 外国為替（外貨預金・外国債券）ははっきりダメと言えます。
- ハイリスク・ハイリターンの原則は外国為替のリスクには通用しません。

外貨預金、外国債券ははっきりダメ

近年の日本の低金利からか外貨預金に興味を持つ人が多いようです。

特に運用の知識が乏しく、銀行預金だけの人などに外貨預金をすすめると比較的、楽に誘導できるそうです。外貨預金というネーミングで、安心で安全な商品だという印象を持つ人が多いのでしょう。
しかし、**外貨預金ははっきりダメだと言える商品**です。

錯覚しやすい為替市場のしくみ

日本の低金利と比較すると外国の金利は高そうに見えますが、円に換算したときの期待利回りは円で運用したときと比べて高いとも低いとも言えません。

その理由は、外国為替市場が通貨の交換比と金利を「セット」で取引する市場であり、**どの通貨と金利の組み合わせが有利だとは一概に言えない**からです。

このあたりは、外国為替や債券の取引に関

外国為替相場のイメージ（外貨のほうが高金利な場合）

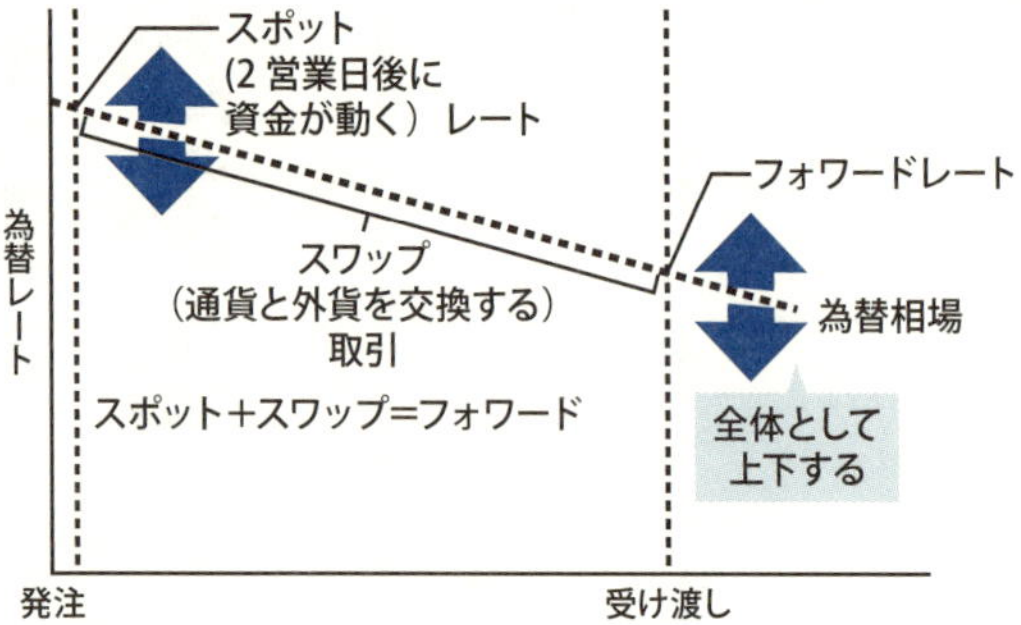

- 為替レートは異なるレートが同時に存在する
- つまり「点」ではなく、資金を動かす時点の異なる「線」のようなもの
- 線が上下したり、傾きを変えながら変動するものというイメージ

わったことがないと、実感として理解しにくいかもしれません。

実際、一般投資家が錯覚しやすいポイントです。この点を誤解した投資家をいわば釣るために、高金利通貨を買う外貨預金や外国債券などが使われています。

加えて、**外貨預金を組む際の為替の手数料が高く、利率は銀行間の金利より不利な場合が多い**という理由もあります。

ハイリスク・ハイリターンの原則が通用しない

もちろん、為替には為替レート変動のリスクがあります。

「ハイリスク・ハイリターンの原則」があては

外国為替・外貨預金には近づかない

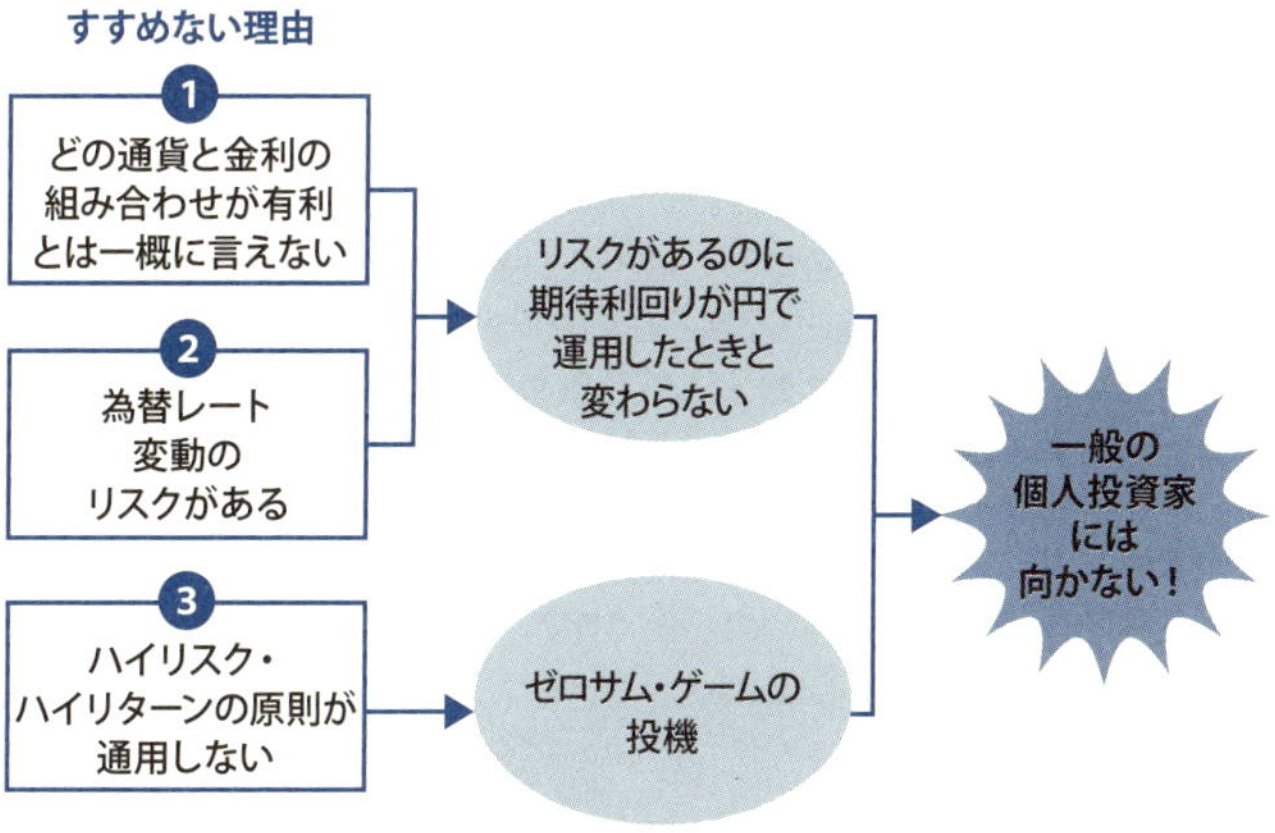

すすめない理由
1
どの通貨と金利の組み合わせが有利とは一概に言えない
2
為替レート変動のリスクがある
3
ハイリスク・ハイリターンの原則が通用しない
リスクがあるのに期待利回りが円で運用したときと変わらない
ゼロサム・ゲームの投機
一般の個人投資家には向かない！

まるような誤解をしがちですが、**為替ではこの原則が通用しません**。基本的には、賭けが当たった人の儲けを、賭けが負けた人が支払うしくみです（→216ページ）。

外貨預金、外国債券には手を出さないのが得策です。

One Point Advice !

ＦＸは損をする人が圧倒的多数

ＦＸ（外国為替証拠金取引）は、証拠金を預けることで証拠金の最大 25 倍の金額まで取引できるしくみです。

手軽に利用できることから人気を集めていますが、ＦＸはゼロサム・ゲームの投機（→ 216 ページ）です。投資としておすすめできるものではありませんし、8～9割の参加者が損をしていると言われています。現実には損をして止めた人が多数いるはずですから、損をする人が圧倒的に多いのがＦＸです。ＦＸは「娯楽」であって「運用」ではないと考えてください。

TOPIC
39
運用の「常識」
ここが間違い

運用商品の「幕の内弁当」バランス・ファンドは割高

- バランス・ファンドは複数のアセットクラスに投資します。
- 別々に買うよりも手数料が高くなる傾向があります。
- ライフサイクル・ファンドは確定拠出年金の税制上の優遇制度を活かせません。

運用商品は手数料が判断材料になる

運用商品は、基本的にすべて、株式や債券、為替といった**一般にある市場から投資対象を選んでパッケージし、売り手が何らかの手数料をつけて売り出すもの**です。材料を集めて料理を作って売るイメージと言えます。当然、自分で材料を買って料理をする、つまり自分で一般市場に投資するほうが手数料が安く抑えられるため、有利な投資となります。

しかし、投資信託には分散投資という点でメリットがあります。そのため、**「手数料が安いものに限っておすすめできる」**と言えます（↓186ページ）。

バランス・ファンドは手数料が高い

株式や債券など複数のアセットクラス（↓111ページ）に投資する**バランス・ファンドには注意が必要**です。

バランス・ファンドのメリットは複数のアセットクラスに分散投資ができるため、リスクが抑えられること。いろんなおかずが楽しめる

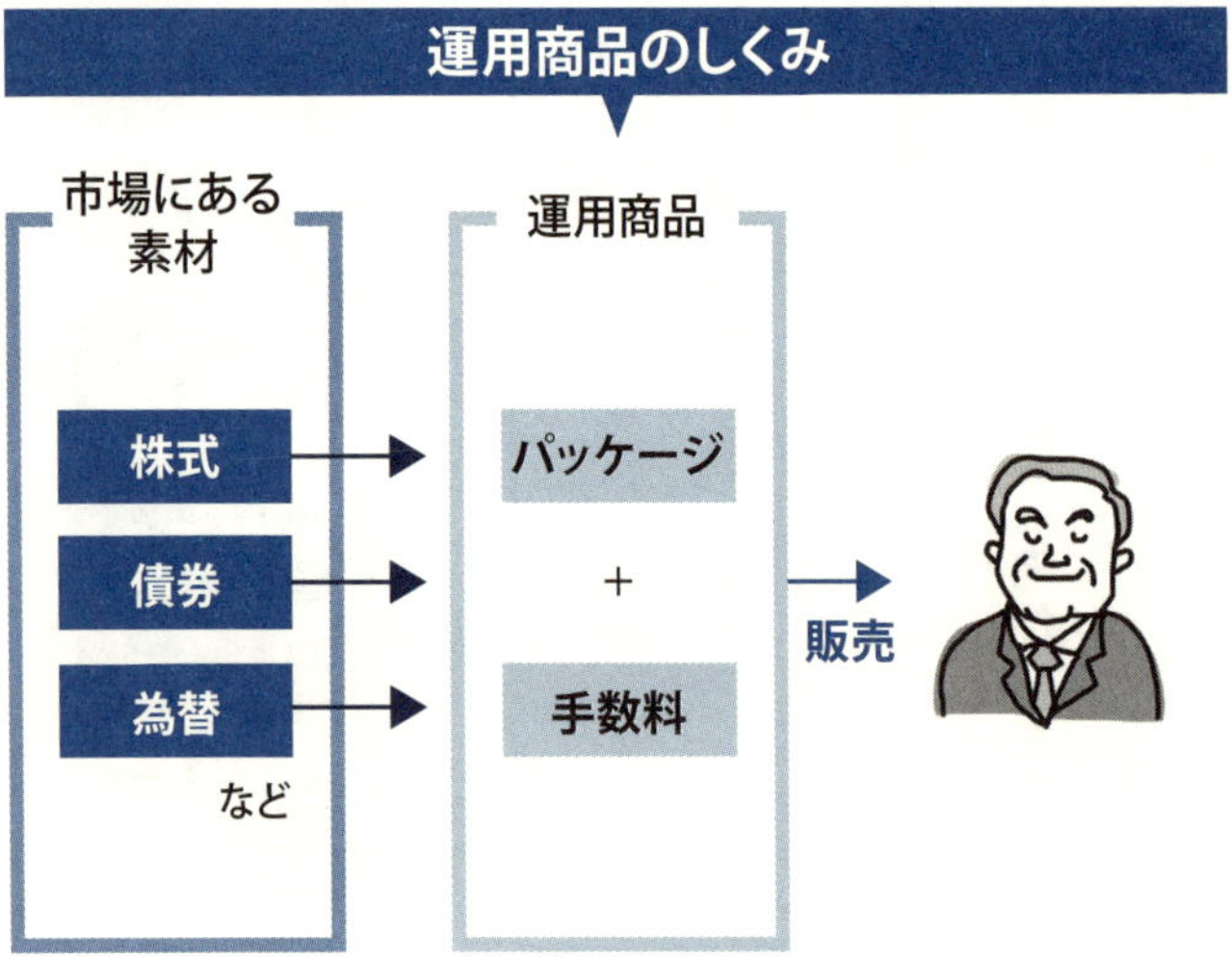

「幕の内弁当」のような商品と言えます。

しかし、これは一方でデメリットでもあります。一般投資家にとって運用の中身を把握するのがむずかしいので、自分がとっているリスクの大きさや性質がわからなくなるからです。そのため、残りの資産の配分ができなくなります。

さらに**大きなデメリットは、手数料が割高なこと**です。幕の内弁当の箱代が高い、というイメージです。「バランス・ファンド」は手数料が高いので、おすすめすることはできません。

ライフサイクル・ファンドは買わない

バランス・ファンドの一種に**ライフサイクル・ファンド**があります。確定拠出年金（→153ペー

バランス・ファンドよりシンプルな投資信託を選ぶ

○ シンプルな投資信託

日本株式から幅広く、外国株式から幅広くなど、運用の中身がわかりやすい。たとえるなら「お総菜」のようなもの

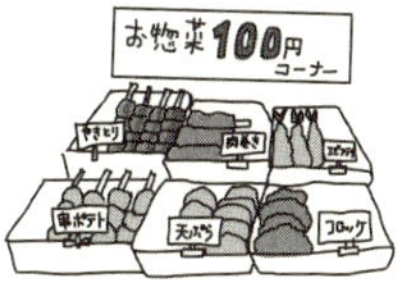

☑株式や債券など一般市場にある投資対象で運用
☑手数料が安い

× バランス・ファンド

運用の中身がわかりづらい。たとえるなら「幕の内弁当」のようなもの

☑株式や債券など、一般市場にある投資対象から複数のアセットクラスに投資する
☑手数料が高い

ジ）向けの商品として多く用意されています。

ライフサイクル・ファンドは、「投資は人の年齢の影響を大きく受ける」という考え方から、**ライフサイクルに合わせて、アセット・アロケーション（→111ページ）が変わるように設計**されています。たとえば、若い人はリスクをとって株式の比率を高め、年を経るごとに債券の組み入れ比率を高める、といった具合です。

一見、老後対策である確定拠出年金にふさわしいように見えますが、株式と債券の両方を含むバランス・ファンドは**税制上のメリットを活かしきれない**点でも、確定拠出年金にふさわしい商品とは言えません（→153ページ）。ネーミングにひかれて購入することのないよう、注意しましょう。

One Point Advice !

アセット・アロケーションは自分で決める

アセット・アロケーションのバランスが崩れたら、修正を加えて常に最適のバランスを保つ必要があります。

特にどのくらいの大きさのリスクを取るのが適当であるのかについては、前提条件に大きな個人差があり、個人の価値観なども関わるので、自分で判断すべきものです。年齢だけで決められるものではありませんし、まして、運用会社に任せるべきではありません。

この意味でも、ライフサイクル・ファンドは避けるべきでしょう。

TOPIC
40
運用の「常識」
ここが間違い

従業員持株会の利用には注意が必要

- 自社株への投資比率が高くなり、リスク分散がしづらくなります。
- 未来永劫、安定した会社はありません。
- 業績が悪化したら、株価の下落、給与・ボーナス減額が同時に起こります。

従業員持株会のしくみ

勤めている会社に**従業員持株会があれば、注意が必要**です。多くの上場企業や一部の未上場企業で導入されています。

従業員持株会とは**従業員が自社株式を保有するしくみ**です。従業員は持株会に入り、給与やボーナスから天引きして自社株式を購入できるしくみになっています。通常、加入は義務ではなく、希望者のみです。

企業によっては自社株式の購入の際、代金を一部、補助することもあります。たとえば2万円を持株会に積み立てると、自社株購入時に2000円の奨励金が出るようなケースです。

これにより、従業員は**株式市場で購入するよりも、実質的に安く自社株を買うことができるようになります。**

なかには、企業型確定拠出年金内で自社株に投資することのできるしくみを用意している会社もあります。

リスク分散ができなくなる

従業員持株制度は、次のような目的を持っています。

◎従業員の資産形成に役立つ福利厚生
◎従業員への経営参画意識や忠誠心の促進
◎株主構成の安定化

従業員にとっては、給与やボーナスから資金が天引きされるため、わずらわしさがなく、市場価格より安く購入できるチャンスですからメリットが多いように感じます。

しかし、株式投資として見たとき、**リスクの分散が気にかかる**ところです。未来永劫、安定を約束された企業はありません。従業員持株会のしくみは自社株への投資比率を高めがちですから、**リスクが極端に偏ってしまいます。**

人生全体を会社のリスクに委ねることになる

自社株でお金を運用すると、自社の業績が悪化したときには、当然、株価が下がります。同時に、**給料やボーナスが減ってしまうリスクも**

One Point Data

従業員持株会の加入状況の推移

調査対象会社の従業員が増えていることもあり、従業員持株会に加入する従業員の総数は増えています。ただし、平成25年度は従業員に対して加入者数の割合が減っているようです。

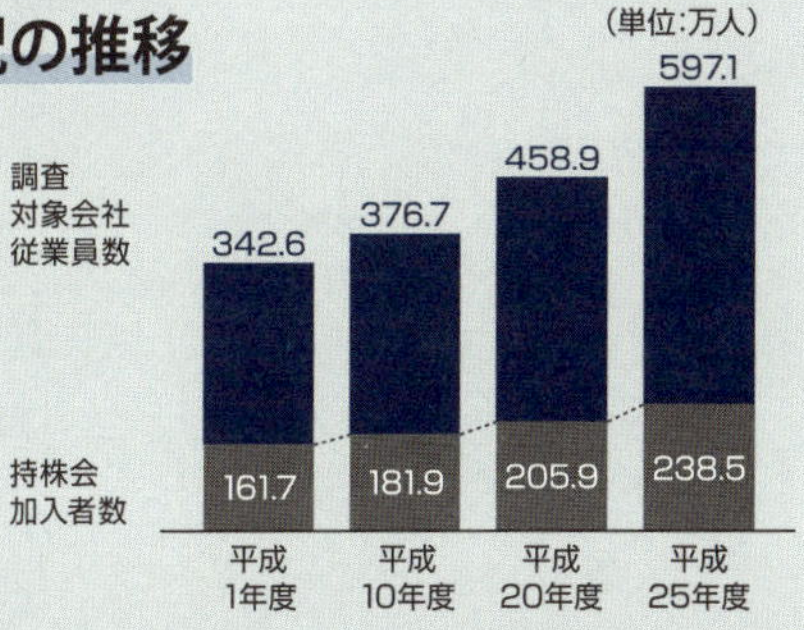

＊株式会社東京証券取引所「平成25年度従業員持株会状況調査結果」より作成

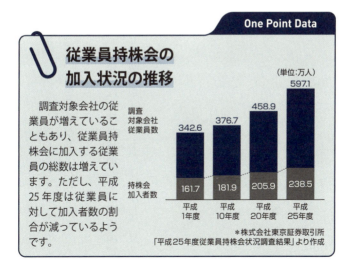

あります。

自社の倒産という最悪の場合、仕事、収入、資産を同時に失ってしまうわけです。従業員持株制度を利用すると、分散投資しづらくなるというお金のリスクだけでなく、人生までも自社のリスクに賭けることになります。

従業員持株会に参加せず、自社株には投資しないか、あるいは会社から補助金が出る場合は、**売却できる株数になったらこまめに売却する**ことで補助金のメリットだけ活かし、リスクを小さく抑えるべきです。

従業員持株会のしくみ（例）

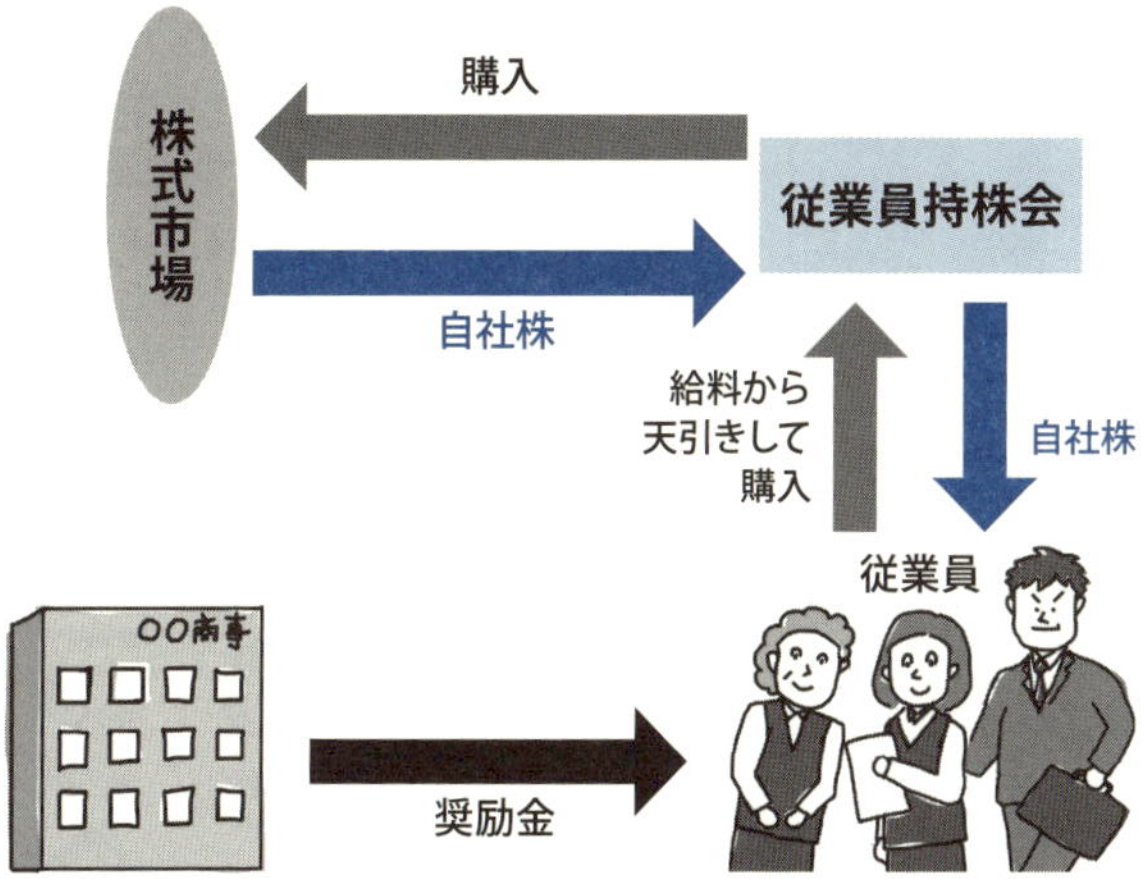

従業員持株会には基本的に加入しないほうがいい

従業員持株会のメリット

▶給料・ボーナスから
天引きされるので、
手持ちの資金がなくても
少しずつ株式投資が
できる

▶わずらわしさがない

▶会社に奨励金など
自社株購入の
補助制度があれば、
実質的に割安で買える

＜

従業員持株会のデメリット

▶金融資産の分散投資が
できない！

▶人生のリスクをすべて
会社に賭けること
になる！

未来永劫、安定した
会社はない！もし会社が
倒産したら……

自社株の価値が
ゼロに！

収入が
なくなる！

失業！

TOPIC 41
運用の「常識」ここが間違い

ドルコスト平均法は気休めでしかない

- ドルコスト平均法と等株数投資はどちらが有利とは言えません。
- 自分の最適額でさっさと買うほうが合理的です。
- 積立投資のよさは天引きにあり、積み立て自体が有利なのではありません。

ドルコスト平均法は有利でも不利でもない

株式投資の分散投資については、**銘柄を分散することが基本**です。このほか、時間を分散する、つまり売買タイミングをずらす方法を「有利」とする人もいます。

代表的な時間分散の方法に**ドルコスト平均法**がありますが、これは気休めにしかなりません。**ドルコスト平均法は、同じ投資対象を一定の金額ずつ、定期的に購入する方法です。**

たとえば毎月10万円と決め、同じ銘柄を購入していきます。1株1000円のときは1000株、50円のときには2000株、200円のときは500株買う方法です。

ドルコスト平均法を有利とする理由は、**「常に決まった株数を購入する等株数投資と比較すると、平均買い付け単価が下がる」**というものです。

たしかに、ドルコスト平均法は等株数投資より買い付け単価は安くなりますが、これをもって**「ドルコスト平均法は等株数投資より有利」ということはできません。**

ドルコスト平均法をおすすめできない理由

① 購入回数ごとに手数料がかかる

投資資金が100万円あったとき、一度で100万円分購入すると、手数料は1回分ですむ。しかし、ドルコスト平均法で複数回に分けて購入すると、そのたびに手数料がかかってしまう

② 購入し終えるまでの期待収益が下がる

たとえば10回に分けてドルコスト平均法で購入していくと、最適なポートフォリオになるのは10回目。それまでの期待収益は、1度に購入するより下がってしまう

③ 分散投資の鉄則に逆行する

ドルコスト平均法は同じ銘柄を買い増しするので、1銘柄への投資比率が高くなる。リスクを下げるためなら、毎回、異なる銘柄を買うほうがいいという理屈

自分の最適額でさっさと買おう！

株価推移の正しい予想はできない

先の例で株価が100円、50円、20円と下がった場合を考えてみましょう。ドルコスト平均法の投資金額は30万円、保有株式数は8000株になります。

一方、等株数投資の投資金額は17万円、保有株式数は3000株です。**ドルコスト平均法は投資金額が大きい分、損失も大きくなってしまいます。**

逆に、株価が上がり続けた場合も、保有株式数が少なくなる分、利益が少なくなってしまいます。ドルコスト平均法が等株数投資よりも有利になるのは、株価が上昇した後に下落したり、下落した後に上昇したりする傾向がある場合です。

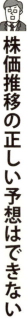

なお、株価の推移には、はっきりした「傾向」は存在しません。

自分の最適額でさっさと買おう

さらに、ドルコスト平均法には、その他にもおすすめすることのできない理由が3つあります（→205ページ図）。

「ドルコスト平均法は有利」という説は、金融機関が積立投資を勧誘するのに都合のいい口ジックです。積立投資は一度勧誘に成功すると、顧客が継続的にお金を投じてくれる、金融機関にとって好都合なしくみです。

運用資金があるならば、**自分の最適額で、さっさと買ってしまうほうが合理的**です。

また、資金の乏しい人にとって積立投資はよい習慣ですが、これは天引きのメリット（→39ページ）です。

ドルコスト平均法と等株数投資を比較してみよう

株価が下がった後に上がった場合

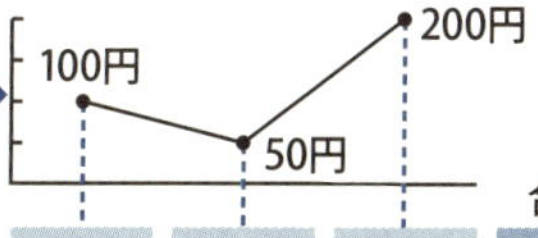

					合計	リターン
ドルコスト平均法	投資金額	10万円	10万円	10万円	30万円	40万円
	購入株式数	1,000株	2,000株	500株	3,500株	
等株数投資	投資金額	10万円	5万円	20万円	35万円	25万円
	購入株式数	1,000株	1,000株	1,000株	3,000株	

→ ドルコスト平均法が有利

どちらが有利とは言えない！

株価が下がり続けた場合

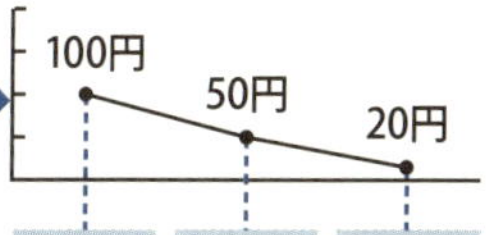

					合計	リターン
ドルコスト平均法	投資金額	10万円	10万円	10万円	30万円	▲14万円
	購入株式数	1,000株	2,000株	5,000株	8,000株	
等株数投資	投資金額	10万円	5万円	2万円	17万円	▲11万円
	購入株式数	1,000株	1,000株	1,000株	3,000株	

→ 等株数投資が有利

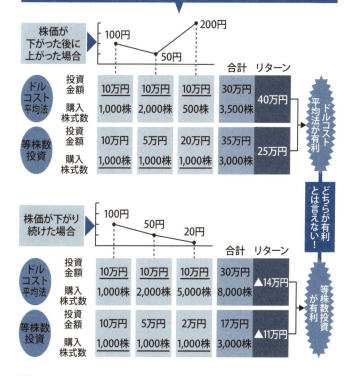

TOPIC
42
運用リテラシー

サンクコストに影響を受けてはいけない

●サンクコスト（埋没費用）は「すでに生じてしまったコスト」です。
●サンクコストは意思決定の対象から外す必要があります。
●不利な条件の金融商品があれば、すぐに解約しましょう。

過去のコストは取り戻せない

お金の運用を考えるとき、**サンクコストの考え方**を知っておく必要があります。サンク（sunk）はsink（沈む、没する）の過去分詞形です。「埋没費用」と訳されます。簡単に言うと、**すでに生じてしまったコスト**のことです。すでに生じているので、戻って

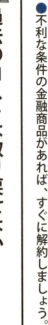

くることはありません。

仕事の知識を深めるため、３０００円の専門書を買ってきたとしましょう。読むのに5時間ほどかかる見込みです。

仮に自分の時給を２０００円とすると、**この本への総投資金額は1万3000円**（２０００円×5時間＋本代３０００円）になる見込みです。

ところが、1時間ほど読み進めると、自分の仕事とはほとんど関係のないことに気づきました。この場合、**本を読み進めるべきでしょうか。**

この時点での投資金額、つまりサンクコストは５０００円（２０００円×1時間＋本代３０００円）です。読み進めるとしたら、追加で８０００円（２０００円×4時間）のコストがかかります。

サンクコストを判断材料から意識的に除外する

意思決定をする際に大切なのは、サンクコストを判断の対象から外すことです。

すでに生じたコストは戻ってきません。そのため、**これから投資するコストと、それによって得られるパフォーマンス**のみで、どうすべきかを考えます。

先の例では、「8000円をかけて読む価値があるかどうか」です。仕事と関係なくても、参考になる、またはおもしろいと思えば読めばいいし、そうでなければスパッと読むのをやめましょう。

意思決定として合理的でないのは「せっかく買ったから」「ここまで読んだからもったいない」と過去のコストを今の判断に影響させてしまうことです。

ぐっと我慢して将来の損得で考えよう

お金の運用でも似たことが起きます。

不利な条件の金融商品を持っていることがわかったら、手数料を払ってでも解約するほうが

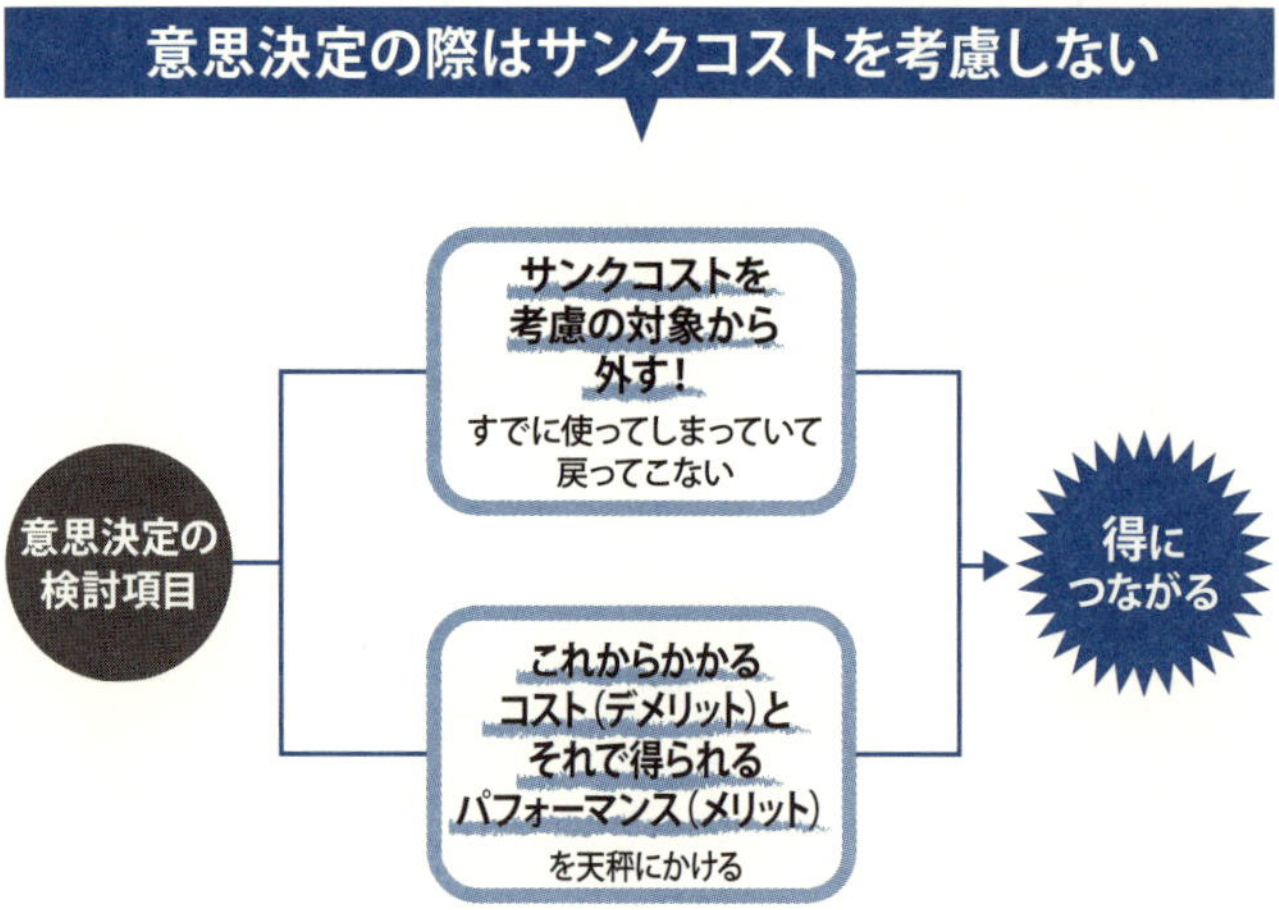

意思決定の際はサンクコストを考慮しない
意思決定の検討項目
サンクコストを考慮の対象から外す！
すでに使ってしまっていて戻ってこない
これからかかるコスト（デメリット）とそれで得られるパフォーマンス（メリット）を天秤にかける
得につながる

得策な場合が多いのです。

「あと5年待てば返戻金があるから」などと考えるのは間違いです。特に、**買値より値下がりした株価にこだわって、見込みのとぼしい株を持ち続けるのもサンクコストにこだわる典型的な例**です。

サンクコストを忘れるのはむずかしい面もありますが、ぐっと我慢して意思決定の考慮から外すことで「得」につながるということです。

意思決定にあたっては、「これから変えられること」のみに考慮を集中させることが肝心です。

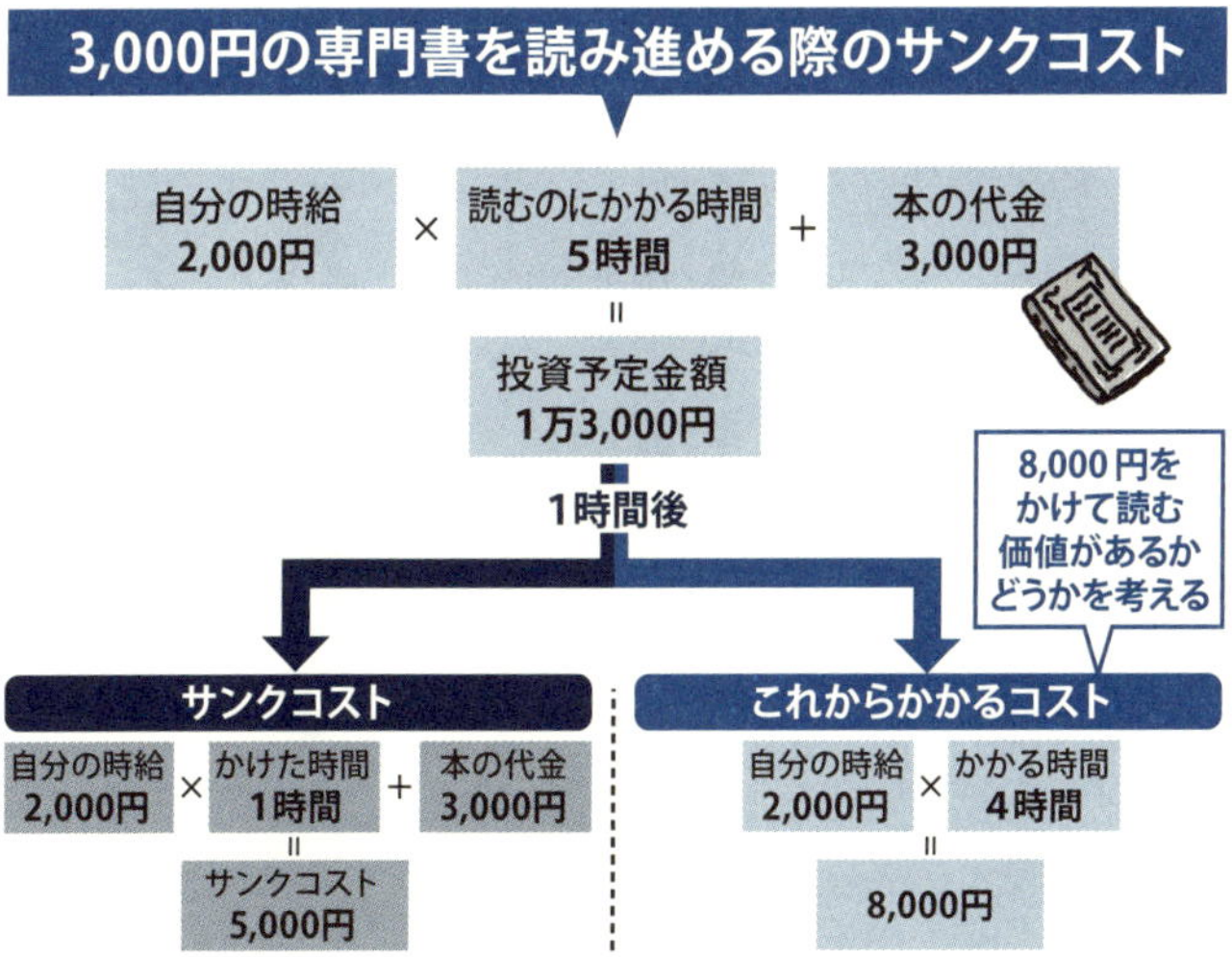

TOPIC
43
運用リテラシー

機会費用の考え方を意思決定に取り入れよう

- 機会費用は意思決定に役立ちます。
- 選ばなかった潜在的な利益のうち、最大のものを計算し、費用として認識します。
- 選択肢が複数あるときに、どちらを選ぶかを決定する際に役立ちます。

機会費用は意思決定に役立つ

正しい意思決定を行うために知っておきたい費用の概念には、サンクコスト（→208ページ）ともう一つ、機会費用があります。

機会費用は「ある選択肢を採用したときに、ほかの選択肢を採用しなかったことによって

失われる潜在的な利益のうち、最大のもの」です。

たとえば、学生が家庭教師のアルバイトをすると5000円稼げる日に、**アルバイトをサボって映画を見に行ったときの機会費用は5000円**です。映画代が1500円だとすると、この日に映画を見ることの経済的総費用は6500円（5000円＋1500円）と計算できます。

しかし、もし家庭教師のアルバイトをつらいと感じているなら、5000円のアルバイト料から、**苦痛の代金を差し引いたものが「潜在的な利益」**となります。

たとえば、その苦痛が2000円相当であるなら、3000円（5000円－2000円）が機会費用です。

機会費用を計算すると、アルバイトをサボって映画に行くのは、案外コストがかかるものだと感じた人は、映画をあきらめてアルバイトに行くほうがよいでしょう。映画は休日に行くことにします。

逆に、その日にしか上映されていないから、総費用6500円（または4500円）を払ってでも行きたい、と思えば、映画を選択します。

機会費用でお金の運用を考える

機会費用でお金の運用を考えてみましょう。たとえば普通預金の利息が０・０４％、個人向け国債の利回りが０・４％だったとき、普通預金に預けた場合は国債利回りと普通預金の利息の差額分が機会費用となってしまいます。

元金１００万円の場合、１年後の普通預金は４００円、国債の場合４０００円です。差額は３６００円が機会費用と計算できます（数字はすべて税引後とします）。「この程度なら、換金の手軽さを考えて普通預金」と判断する人もいるでしょうし、「利回りを重視して国債」と考える人もいるでしょう。

このように、機会費用も考慮に入れて、その他の要素をあわせて意思決定します。

合理的な計算で意思決定しよう

機会費用は経済学の常識の一つですが、日常に当てはめて考えるのは案外、むずかしいものです。しかし、**費用の概念は損得勘定をするのに役立ちます**。実際に計算して合理的に判断を下すのはお金と上手につき合う上で大切なことなのです。

アルバイトをサボって映画を見に行くときの機会費用

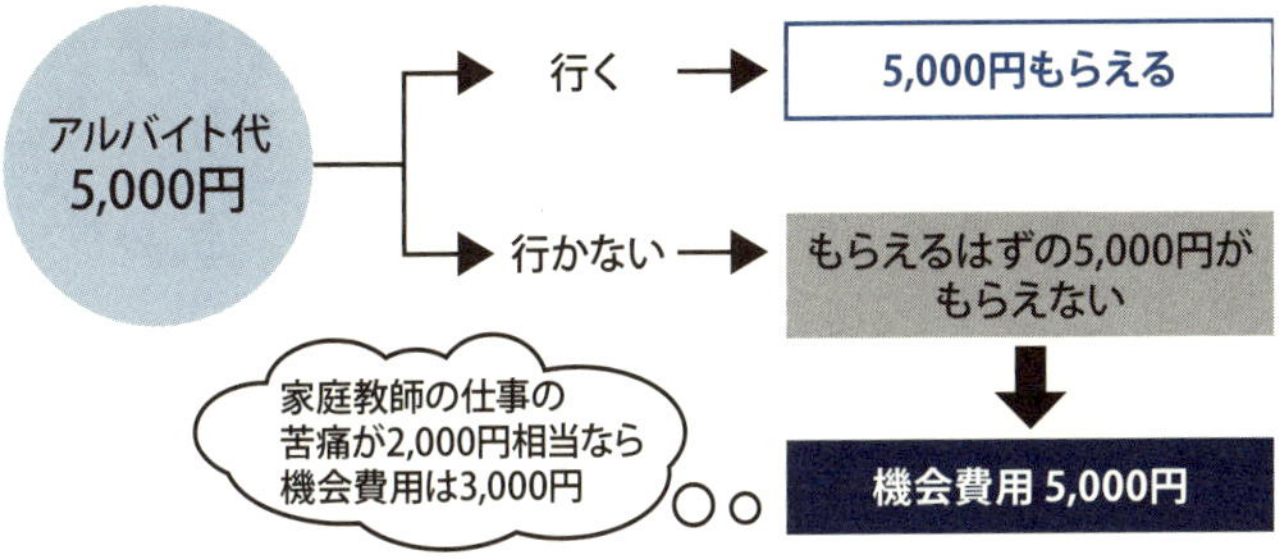

機会費用でお金の運用を考える

▶▶元金10万円の場合の1年後の利回り

普通預金	元金 10万円	×	利息 0.04%	=	40円
国債	元金 10万円	×	利息 0.4%	=	400円
普通預金を選んだとき	400円	−	40円	=	機会費用 360円

▶▶元金1,000万円の場合の1年後の利回り

普通預金	元金 1,000万円	×	利息 0.04%	=	4,000円
国債	元金 1,000万円	×	利息 0.4%	=	4万円
普通預金を選んだとき	4万円	−	4,000円	=	機会費用 3万6,000円

TOPIC
44
運用リテラシー

「投資」と「投機」を区別してリスクを取ろう

- 投資と投機ではリスクの経済的性質が異なります。
- 投資と投機はしばしば混在しています。
- 投機では「ハイリスク・ハイリターンの原則」に期待できません。

投資と投機の定義を知ろう

「投資」と「投機」はリスクを考えるうえで大切な言葉です。「投資」と「投機」の定義やどう区別するかは昔から議論されるテーマで、さまざまな説明がされています。

私は、「投資」と「投機」を**経済的な性質の違い**によって区別するようにしています。

◎投資……何らかのリスクを取って、経済的な生産活動に資本を提供する行為

◎投機……お互いの見通しの違いに賭けるゼロサム・ゲーム的なリスクを取る行為

ゼロサム・ゲームとは？

ゼロサム・ゲームとは、**利得と損失が同じになるゲーム的状況**のことです。**利得と損失の合計は必ずゼロになります。**

たとえば、ギャンブルをおおまかに言うと、賭けに勝った人が、負けた人からお金を受け取るしくみになっています。金融商品で言えば、先物取引のリスクは、ある商品の将来の価格が上がるか、下がるかに賭けるものです。

仮に価格が上がった場合、上がると予想した

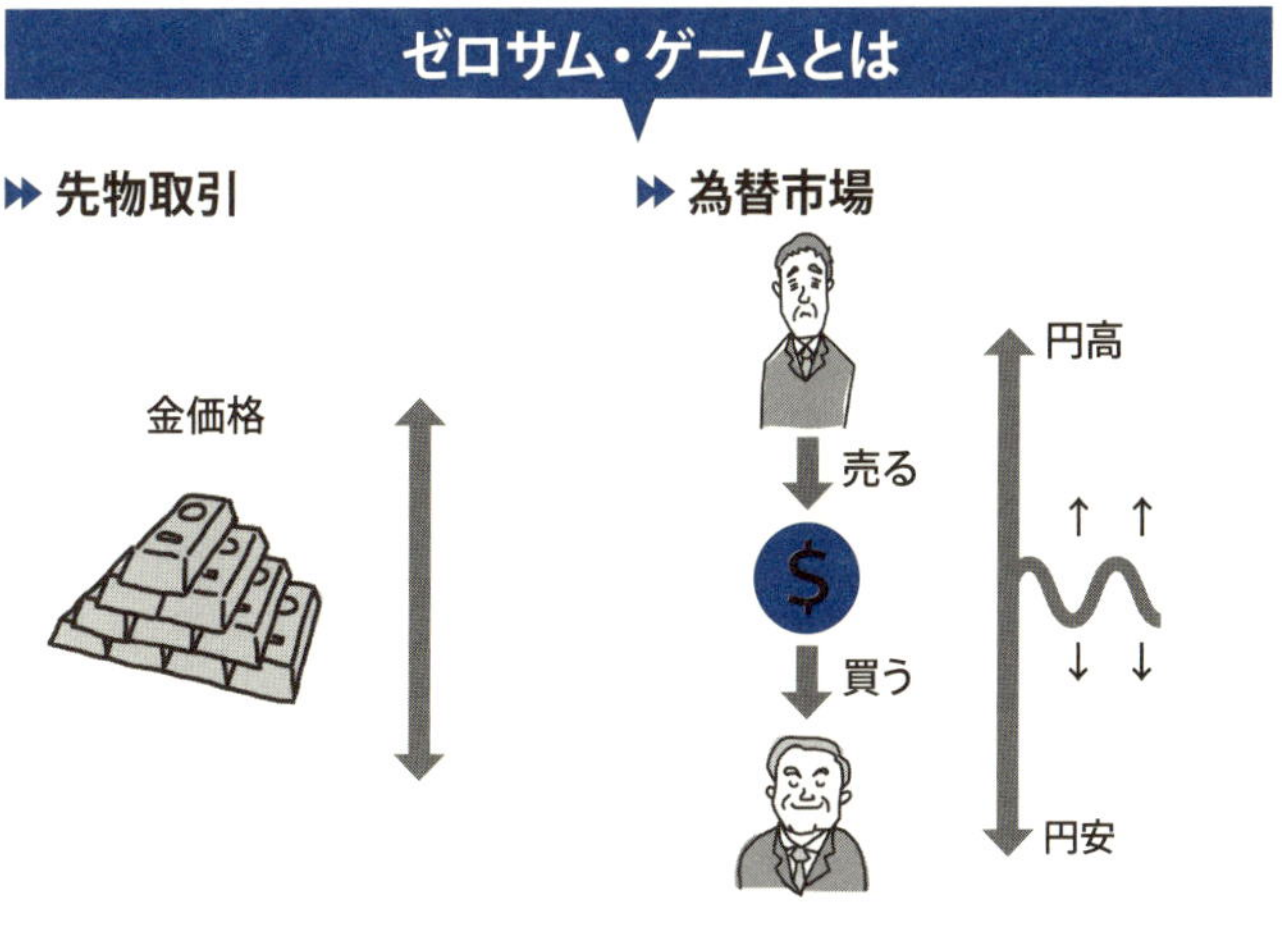

同じ大きさのリスクで損益の合計はゼロ

人に利得があり、下がると予想した人には損失があります。

そのため、**商品相場のリスクはおおむね投機のリスク**と言ってよいでしょう。

なお、当たると儲けが大きいという意味にハイリスク・ハイリターンの原則を解釈するのは間違いです。リスクの大きなものはリターンの「期待値（平均的な値）」が大きいという状態が「ハイリスク・ハイリターン」です。

投資は生産の対価が期待できる

一方で、株式投資は企業の利益を期待して資金を投じています。資本が何らかの生産に貢献していることから、投資と言えます。もちろん、もくろみが外れることはありますが、**投資はリスクを取る代わりに何らかの生産の成果配分が期待できる**ものです。

なお、この「資本」を取引する価格は市場にあってリスクを反映して、大きなリスクのものは大きなリターンになるように形成されます。

ハイリスク・ノーリターンの可能性

投資はハイリスク・ハイリターンを期待できる世界です。

一方、投機は利得と損益の合計がゼロになるのですから、理屈上、**ハイリスク・ハイリターンを期待することができません**。これが、投資と投機が大きく違う点です。

しかし倫理的に、投資は「善」で投機が「悪」というわけでもありません。投機を悪ととらえる人も多いのですが、実際の取引では先物取引をリスクヘッジに利用することもあります。

大切なのは、**自分が関わるリスクについて「投資」か「投機」かを考える習慣を持つ**ことです。投資と投機が混在していれば、よりどちらの性質を持っているのか、確認しておく必要があります。そのうえで、運用の判断をくだすのが重要です。

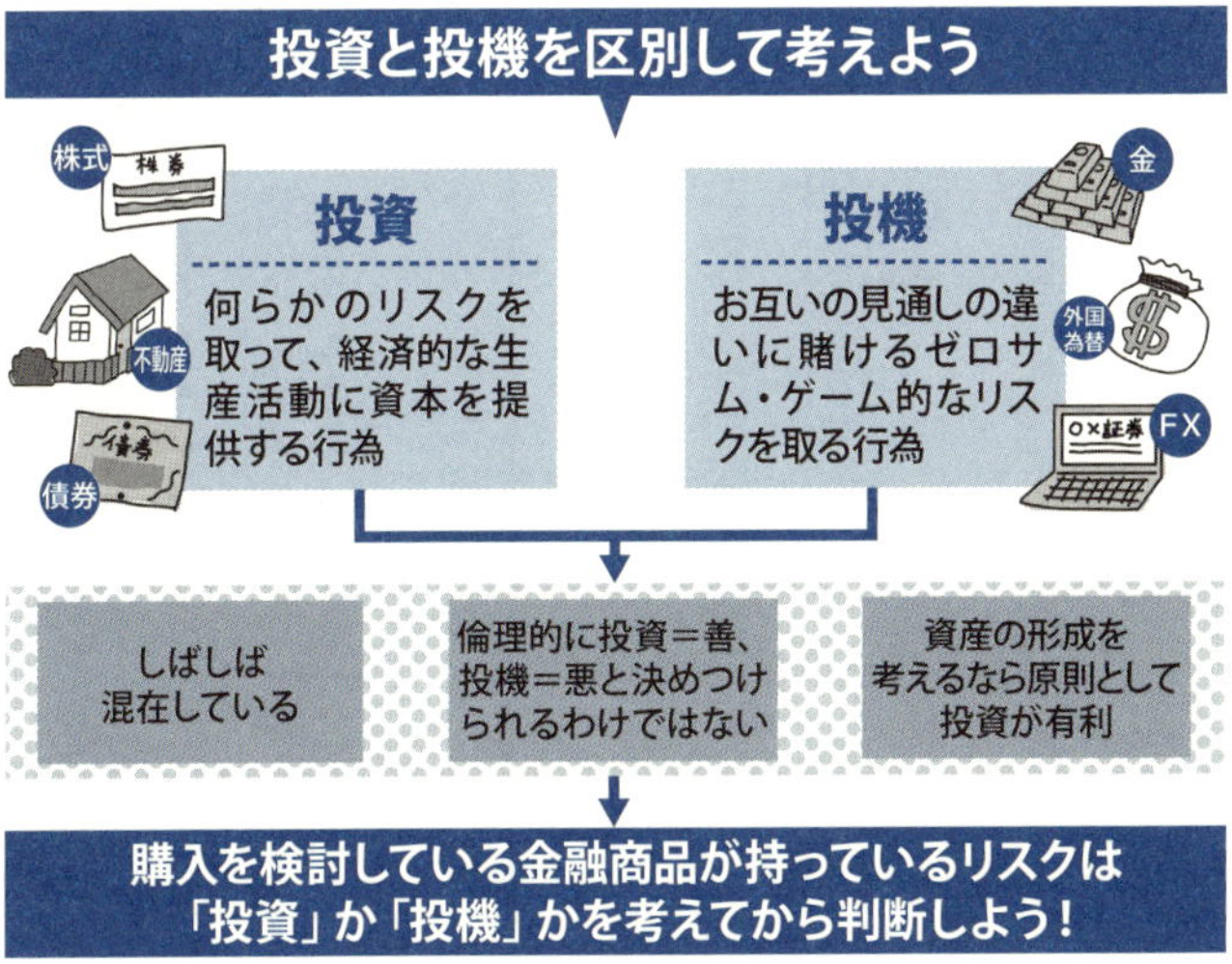
投資と投機を区別して考えよう
株式
株券
不動産
債券
投資
何らかのリスクを取って、経済的な生産活動に資本を提供する行為
金
外国為替
FX
○×証券
投機
お互いの見通しの違いに賭けるゼロサム・ゲーム的なリスクを取る行為
しばしば混在している
倫理的に投資＝善、投機＝悪と決めつけられるわけではない
資産の形成を考えるなら原則として投資が有利
購入を検討している金融商品が持っているリスクは「投資」か「投機」かを考えてから判断しよう！

TOPIC
45
運用
リテラシー

金利と債券価格は逆に動くことを知っておこう

- 金利が上がると、債券の価格は下がります。
- 金利が下がると、債券の価格が上がります。
- 長期金利が今どれくらいなのかを知っていれば、高すぎるリスクを警戒できます。

債券を欲しいと思う人が多いか少ないか

債券については、預貯金などその他金融商品の金利との関係を知っておきましょう。

金利が上がると、債券の価格は下がります。

また逆に、**金利が下がると、債券の価格が上がります。**

たとえば利払いが年率３％あり、元本と同額が償還される債券があるとしましょう。元本１００円だとして、世の中の金利が３％より低い場合、１００円以上出しても買いたい人が増えるはずです。逆に、金利が３％より上がった場合、債券が１００円では買い手は見つかりません。買い手が「この金額なら買ってもいい」と思う値段まで下がってしまいます。

そのため、もし**満期より前に債券を売却する場合、金利が下がっていると値上がりした価格で売却できるでしょうが、金利が上がっていると、損をする可能性があります。**

また、**償還までの期間が長いほど金利の影響を受けるので、金利の変動による債券の値動きが大きくなる**ことも知っておきましょう。

長期金利はリスク商品の目安になる

10年物の国債の利回りは「長期金利」と呼ばれます。**長期金利は長期で資金を提供して「信用リスクなしに稼ぐことができる利回り水準」の指標**です。

長期金利より利回りがかなり高い商品、おおむね1％以上高い商品は、**「何らかの無視できないリスクがある」**と考えていいでしょう。そのため、「現在の長期金利はいくらくらいか」を知っておくと、怪しいリスク商品に敏感になれるでしょう。**長期金利をチェックする習慣**

を身につけてください（↓232ページ）。

よりよい条件で運用しよう

「金利が上昇して債券価格が下がっても、満期まで持ち続けていれば損にはならない」と言う人がいます。満期には元金が償還されるため、「損ではない」という判断ですが、**保有する債券の価格が下がった時点で「すでに損をしている」というのが正しい判断です。**

この点では、**個人向け国債（変動金利10年型）**なら、金利が上昇しても、直近の利回り2回分をペナルティとして支払うだけで元金が償還されますから、魅力的な高利回りだと思う時点で固定金利の長期債に買い換えることができます（↓139ページ）。

One Point Data

過去5年間の長期金利

10年物国債利回りは長期金利と呼ばれ、その値動きは新聞などにも毎日掲載されている

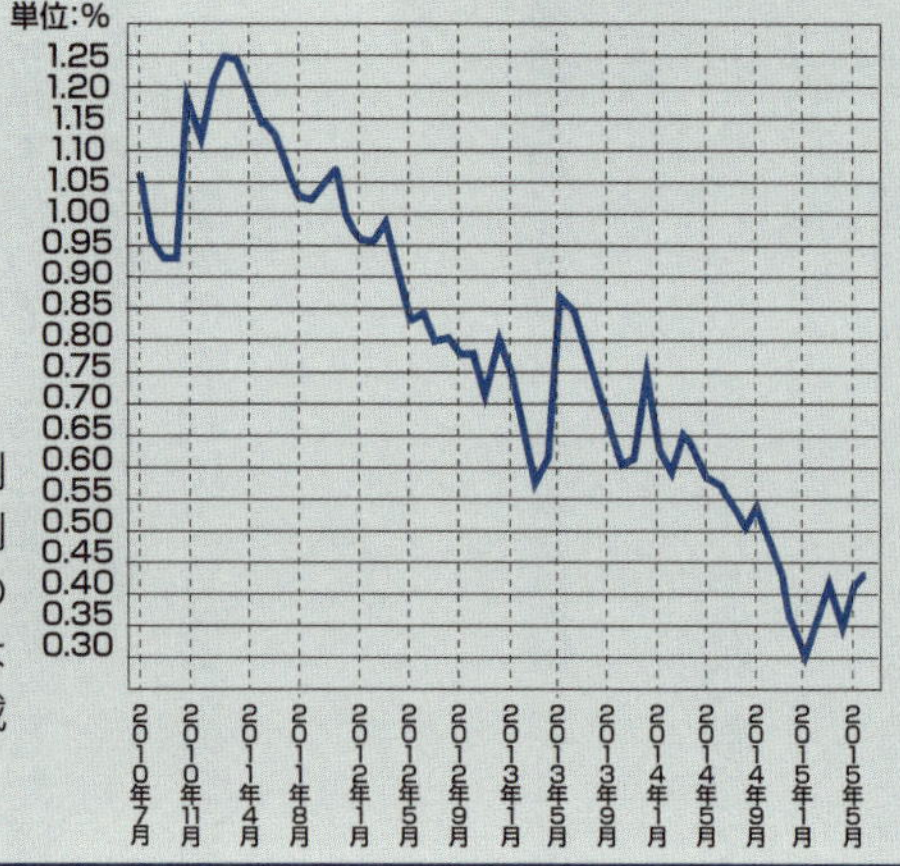

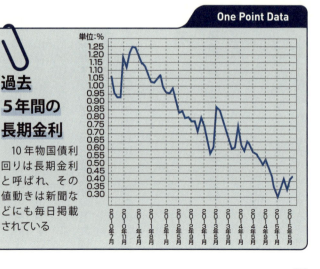

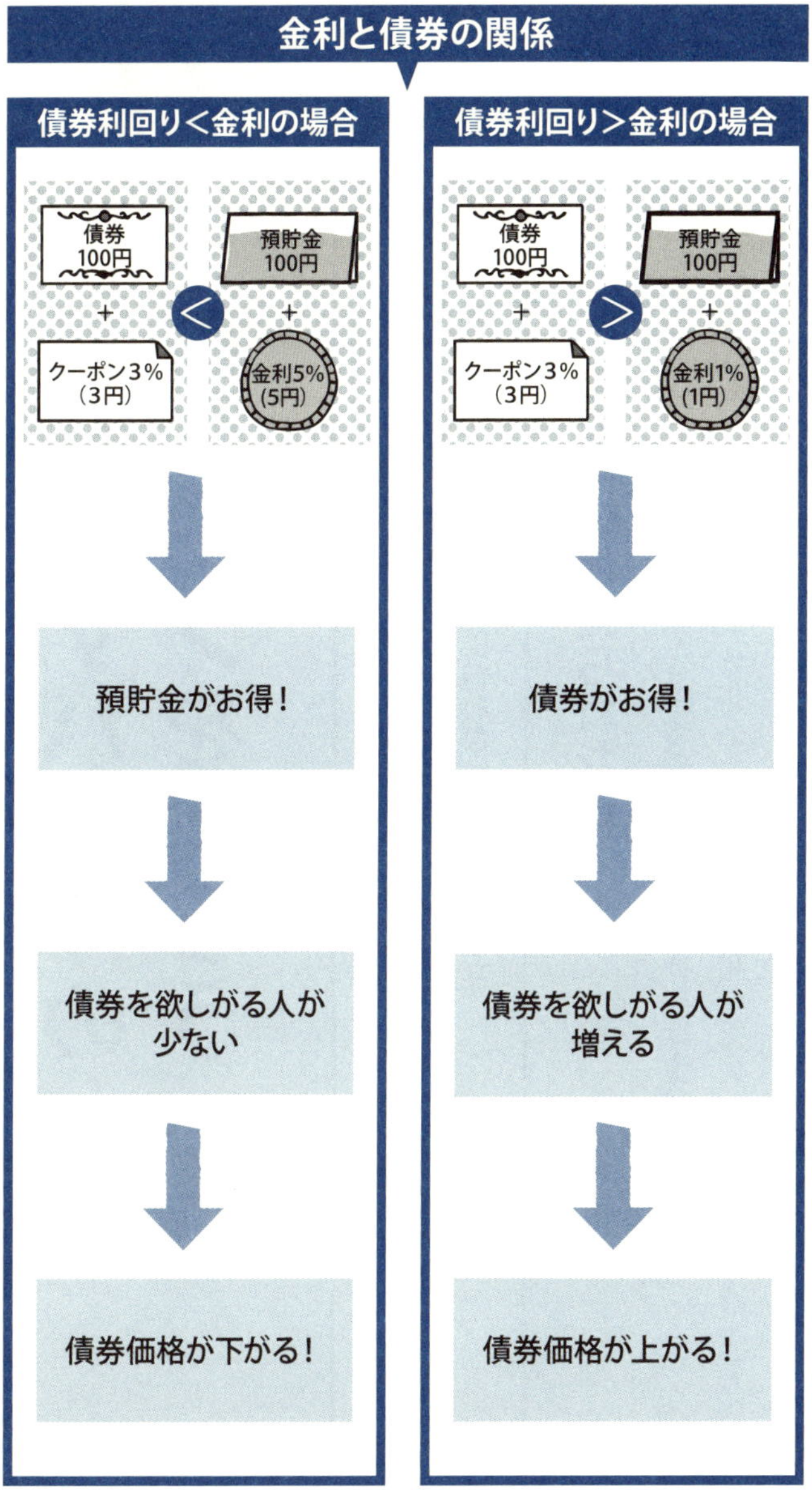
金利と債券の関係
債券利回り<金利の場合
債券
100円
＋
クーポン3%
（3円）
預貯金
100円
＋
金利5%
（5円）
預貯金がお得！
債券を欲しがる人が
少ない
債券価格が下がる！
債券利回り>金利の場合
債券
100円
＋
クーポン3%
（3円）
預貯金
100円
＋
金利1%
（1円）
債券がお得！
債券を欲しがる人が
増える
債券価格が上がる！

TOPIC
46
運用リテラシー

繰り返すバブルのパターンを知ろう

- バブルは繰り返し起きます。
- 経済状況に応じてリスク資産への投資額を微調整しましょう。
- たいていの場合、調整は極端に行わないほうがいいです。

バブルの発生は抑えられない

現在、先進国の景気や物価に対する**経済政策の中心的存在は金融政策**です。

基本的には、景気が悪くなってデフレになると金融緩和を行い、景気がよくなってインフレ率が高くなりすぎると金融引き締めが行われます。

過去30年くらいの先進国経済を見ると明らかですが、**バブルは繰り返し起きています。**現代の経済のしくみでは、バブルの発生を完全に抑えることはむずかしいことです。

そのため、**今バブルに向かっているのか、バブル崩壊に向かっているのか**、という視点で経済と金融の環境を見るとその時々の状況を把握するうえで役に立ちます。

山崎式経済時計で見る運用調整

経済の循環イメージを時計にたとえてみましょう。それぞれの経済局面で、どう運用すればいいのか、どんな商品を選べばいいのかを紹介します。**山崎式経済時計**です（↓227ページ図）。

◎**資産価格**

縦軸の高さは資産価格の割高・割安を表します。時計の頂点である11時〜1時がバブルです。底辺の5時〜7時が資産価格の底。仮にボトムと名付けます。

◎**物価**

時計を横半分にする9時と3時を結ぶ線より上にあるときは物価上昇率が高く、インフレ傾向。線より下は上昇率が低いか、デフレ傾向です。

◎景気

時計を斜めに切る2時と8時の線より上がおおむね好況と感じられる時です。線より下にあるときは、不況ムードになります。

◎金融政策

景気の線と対称的な10時と4時の線より上のとき、金融引き締めが行われます。線より下のときは金融緩和です。

注意が必要なのは、時計の針の動きです。経済は本物の時計のように一定の速さで動きません。上から下（景気悪化）は速度が速く、下から上（景気回復）は緩やかな傾向があります。

運用調整はほどほどが無難

図で紹介するのは基本的なパターンですが、現実に今、どの時間帯にいるかを判断するのは簡単ではありません。

バブルの崩壊とはっきり言えるような場合をのぞいて、**多少の増減くらいの調節が現実的です。**500万円のリスク資産投資額を「標準」と考えている人は、400万円~600万円の範囲で調節する程度が無難です。

山崎式経済時計で見る適切な運用商品

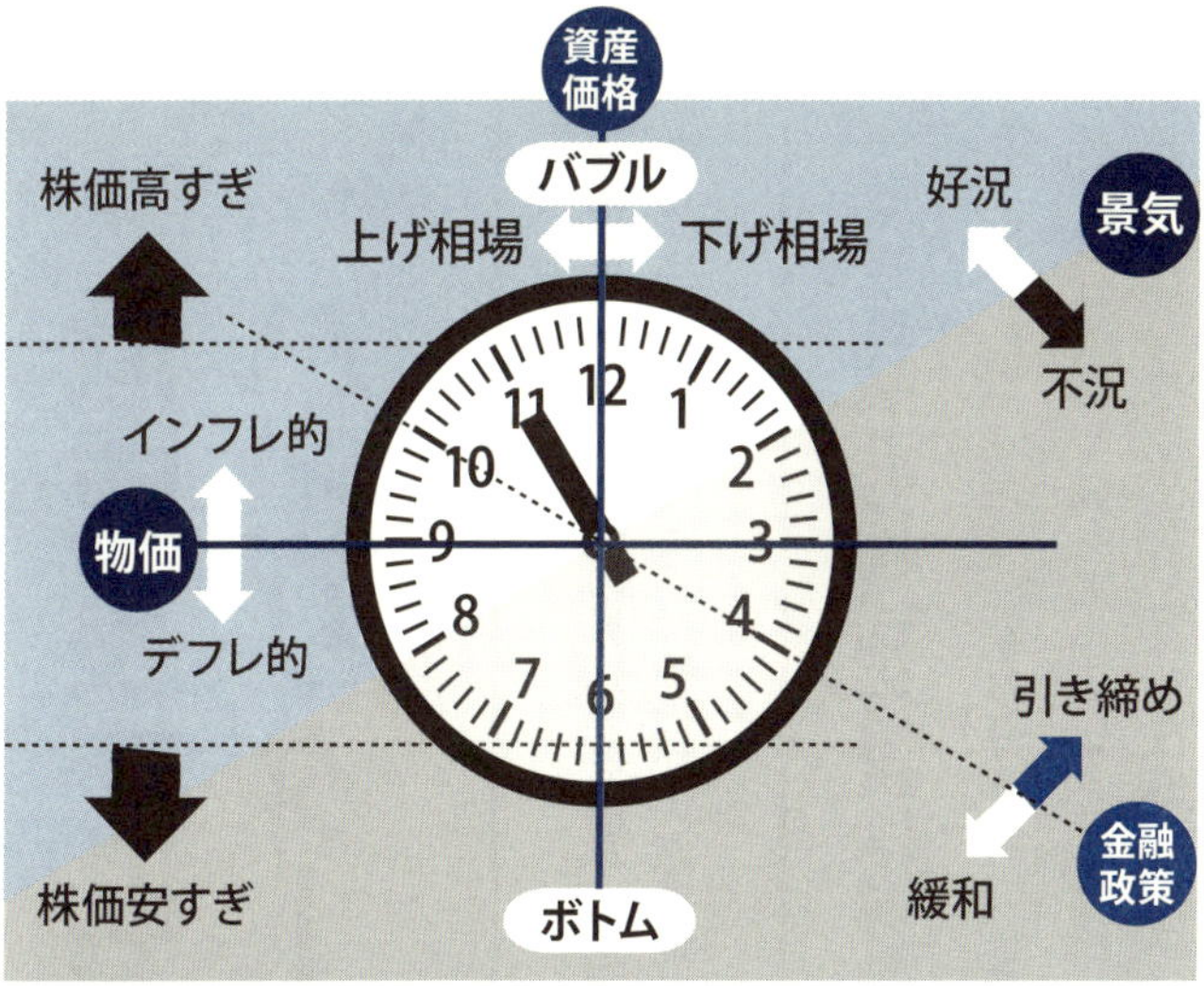

時間帯別に適切な「お金の置き場」

時間帯	第一選択肢	第二選択肢
12時～2時	現金	国債
2時～4時	国債	現金
4時～5時	現金	国債
5時～6時	国債	現金
6時～7時	株式	ハイイールド債
7時～8時	ハイイールド債	株式
8時～11時	株式	不動産
11時～12時	不動産	株式

TOPIC
47
運用
リテラシー

低成長でも株はハイリターンを生む

- 現在の株価は将来の見込みを織り込んだ価格になっています。
- 見込みが変わるとき、株価が大きく動きます。

低成長でも株式投資は儲かる

今後、しばらくの間は日本の労働人口が減り続けるのは確実です。「これからは人口が減っていくから、経済は低成長だろう」と悲観的な意見を語る人が多くいますが、もっともな話と言えるでしょう。**日本の実質経済成長率は、労働人口の減少の影**

響だけでしばらく毎年0・5%以上のマイナス効果を受けると考えられます。

生産性を大幅に向上させなければ、日本経済の高成長はありません。

しかし、**「経済が成長しないなら株式投資は儲からない」という考えは間違い**です。経済が低成長やマイナス成長であっても、株式投資でリスクに見合ったリターンを得ることは十分可能なのです。

現在の株は将来の見込みをすでに反映している

そもそも、株価が「どうしてその値段になっているか」を考えてみましょう。

現在の株価は、将来の見込みを反映して形成されます。

近年では、バブル崩壊から２０１２年まで、長らく株価が低迷しました。この状況を正確に表現すると、日本経済が低成長に変化し、将来の成長率に対する期待が「以前よりも低下した」からです。

しかし、「この程度、低成長するだろう」という**予想に見合うレベルまで株価が下がったら、平均的に見て、株式はリスクに見合った投資収益率をもたらします。**

リスクに見合った投資収益率よりも「上ブレ」したり「下ブレ」したりするのは、予想が

「変化」した場合です。

成長するかもしれないと思えるとき、株価が上がる

現在、「今後は日本の人口が減っていく」という事実も、「日本経済の低成長」という見込みも、多くの人に周知された事実となっています。「日本経済の悪いイメージ」は十分に行き渡っていて、その**悪いイメージはすでに現在の株価に反映されている**公算が大きいのです。

今後、さらに株価が低下するとしたら、「現在の予想より将来はさらに悪化する」という予想が形成されたとき。逆に、日本経済によい影響を与える材料が生まれ、**悲観論が訂正されたとき、株価は予想以上に上がります**。このときは、大きなリターンがあるでしょう。

成長率のレベルだけを見て「今後は低成長だから株式投資は儲からない」「高成長だから儲かる」という考えは間違っています。

労働人口の推移

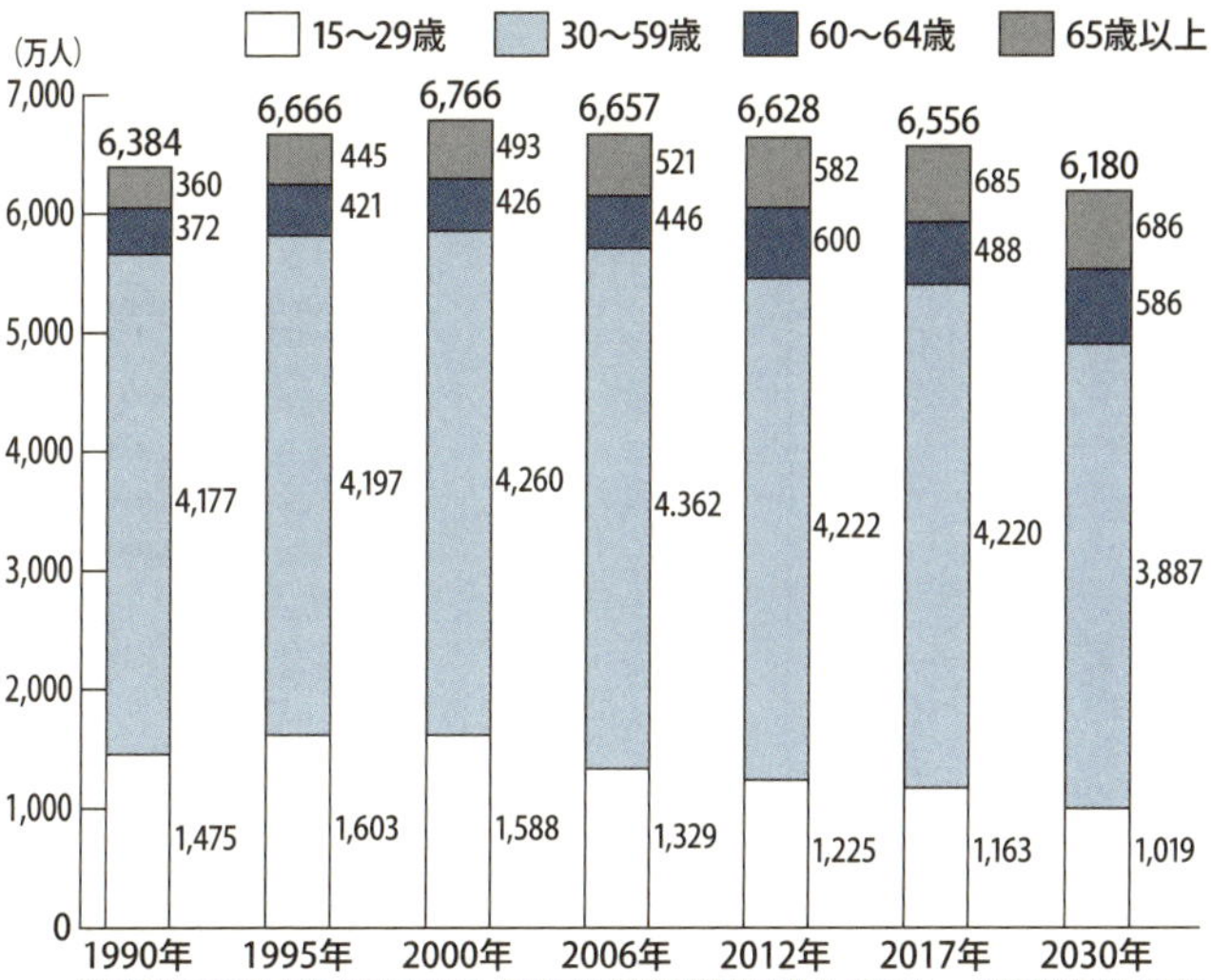

(注) 推計値については、概数で表示しているため、各年齢区分の合計と年齢計とは必ずしも一致しない　＊厚生労働省資料より作成

株価が動くしくみ

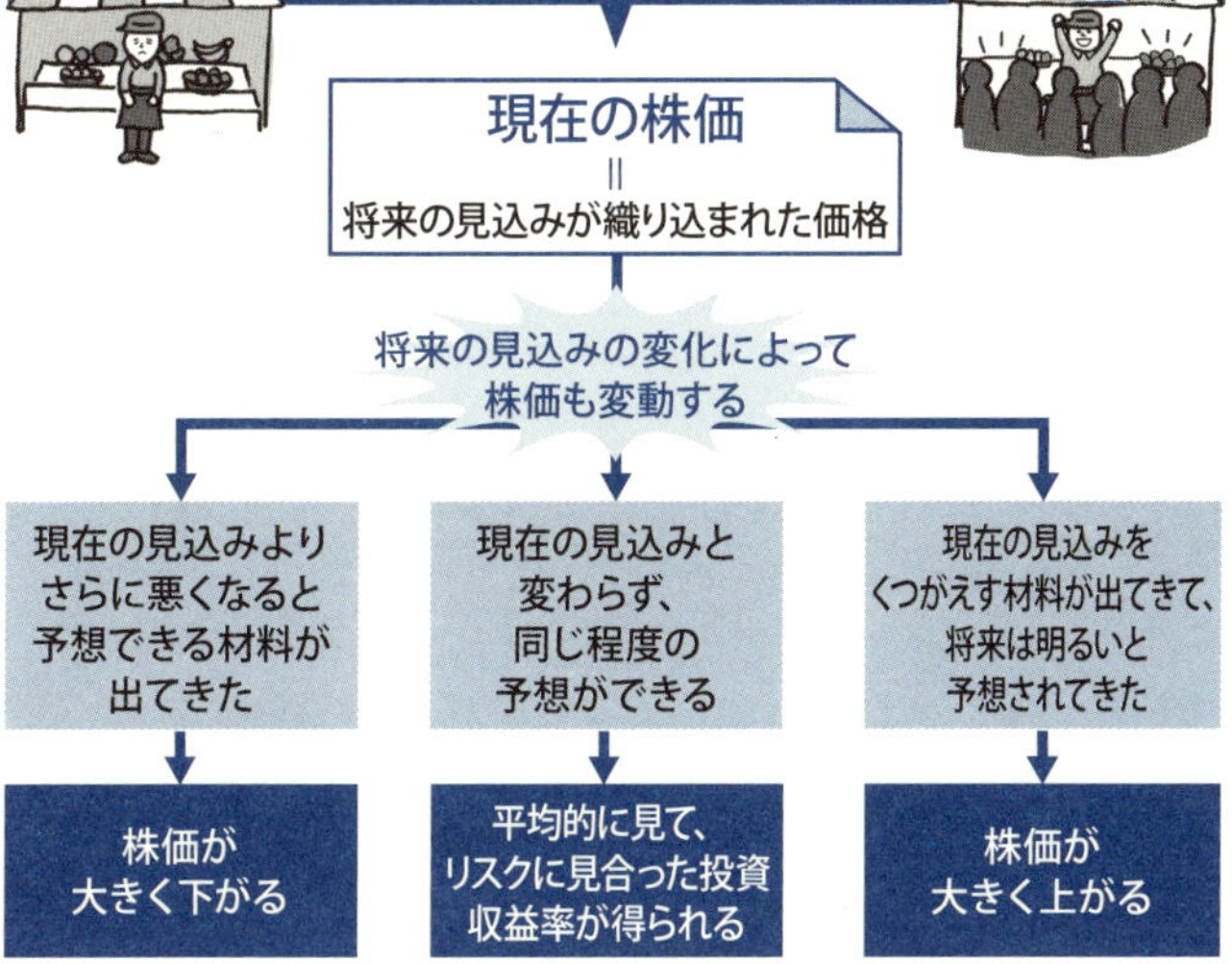

TOPIC
48
運用
リテラシー

毎日10秒、市場指標に目を向けて考えよう

- 経済状況をリアルタイムで把握しておきましょう。
- 毎日、市場指標を見る癖が投資力を鍛えます。
- 10秒でよいので、市場指標の動きの理由を考えてみましょう。

金融マーケットの動きをつかもう

お金と上手につき合って人生を楽しむために大切なのは、主に次のようなことです。

①よく稼ぎ、収入と支出を管理する
②お金の運用に過剰な期待を寄せない

③お金を合理的に運用する

④金融ビジネスに余計な手数料を払わない

⑤金融マーケットの動きに興味を持って経済ニュースを眺める

①～④までは、ここまでたっぷり紹介してきました。最後に⑤について補足しておきます。

経済状況は変わり行くものです（→224ページ）。常に金融マーケットの動きに興味を持ち、株価の上下の理由、資本市場の変動の程度など、**なるべくリアルタイムで、実感をともなって知っておく**必要があります。たとえば長期金利が大きく上昇するなどの、大きな変化があれば運用方法の再検討が必要な場合もあるでしょう。

市場指標の理由を考えることが投資力を鍛える

金融マーケットや経済ニュースを理解することは、お金の運用に役立ちます。

そのためには、**市場指標を毎日、見る癖をつける**ことをおすすめします。見るべき指標は日経平均、ドル円の為替レート、NYダウ、長期金利の4つでいいでしょう。

新聞の経済面に毎日掲載されていますし、日本経済新聞なら朝刊の第一面に前日の終値が表示されています。もちろん、インターネットで調べることもできます。マメな人は手帳に書いておくのもいいかもしれません。まずは毎日、見ることです。

そのうえで、10秒でもかまいません、**数字の動きの理由について考えてみましょう**。たとえば日経平均が150円下がった日に「なぜ下がったか」を考える。「円高になってNYダウが下がっているから、日経平均は下がるはずだな」などと考えてみます。「NYダウが下がっているのに日経平均が上がってるのはなぜ?」と気になることが出てきたりして、「これと関連があるのかもしれない」「日銀の金融政策のせいだな」と、**経済ニュースに目が向いたりしてくるはずです**。理由を考えながら記事を読むと、個々の経済現象が何にどう働いているか、頭を使うようになります。

最初は、理由を明確にできないこともあるかもしれませんが、**毎日10秒の習慣が頭の中で経済思考のスイッチを入れます**。投資力を鍛えるために、習慣づけることをおすすめします。ビジネスや人生の選択にも役に立つことがあるかもしれません。

毎日チェックしたい市場指標

株価	日経平均	日本経済新聞社が算出する株価指数。東京証券取引所の第1部上場銘柄から選定した225銘柄の株価から計算される。円で表される。先物やオプション取引の対象にもなっている
	NYダウ	S&Pダウ・ジョーンズ・インディシーズ社が算出するアメリカの代表的な株価指数。アメリカを代表する30銘柄を選び、指数化している。「ダウ平均」「ダウ工業株30種」などと呼ばれる
為替レート	ドル円	1ドルが何円で取引されているかを表す。現在、円安になると日本の株価は上昇する傾向がある
債券	長期金利	残存期間が10年に近い国債が取引されている利回りのことで、%で表される。長期金利が上がるということは、すでに発行された国債の価格が下がることを意味する。金利が上がると住宅購入や設備投資がやりづらくなるため、景気にマイナスの効果があるが、景気が過熱して資金の借入需要が旺盛だから長期金利が上がっているとも考えられる

お金と上手につき合うコツ

1 よく稼ぎ、収入と支出を管理する

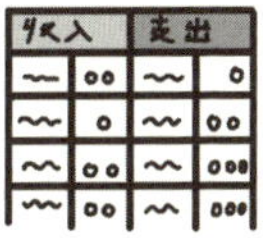

2 お金の運用に過剰な期待を寄せない

3 お金を合理的に運用する

4 金融ビジネスに余計な手数料を払わない

5 金融マーケットの動きに興味を持って経済ニュースを眺める

お金に強くなる!（ハンディ判）

発行日　2015年11月30日　第1刷

Author　山崎元

Book Designer　[装丁] 西垂水敦＋三森健太(tobufune)
[本文DTP] 株式会社アスラン編集スタジオ
Illustrator　[カバー] 長場雄

Publication　株式会社ディスカヴァー・トゥエンティワン
〒102-0093　東京都千代田区平河町2-16-1 平河町森タワー11F
TEL　03-3237-8321(代表)
FAX　03-3237-8323
http://www.d21.co.jp

Publisher　干場弓子
Editor　原典宏＋松石悠
編集協力：株式会社アスラン編集スタジオ
株式会社マイベンチマーク　竹中歩

Marketing Group
Staff　小田孝文　中澤泰宏　片平美恵子　吉澤道子　井筒浩　小関勝則
千葉潤子　飯田智樹　佐藤昌幸　谷口奈緒美　山中麻吏　西川なつか
古矢薫　伊藤利文　米山健一　原大士　郭迪　松原史与志　蛯原昇
中山大祐　林拓馬　安永智洋　鍋田匠伴　榊原僚　佐竹祐哉　塔下太朗
廣内悠理　安達情未　伊東佑真　梅本翔太　奥田千晶　田中姫菜
橋本莉奈　川島理　倉田華　牧野類　渡辺基志
Assistant Staff　俵敬子　町田加奈子　丸山香織　小林里美　井澤徳子　藤井多穂子
藤井かおり　葛目美枝子　竹内恵子　清水有基栄　小松里絵　川井栄子
伊藤由美　伊藤香　阿部薫　常徳すみ　三塚ゆり子　イエン・サムハマ
南かれん

Operation Group
Staff　松尾幸政　田中亜紀　中村郁子　福永友紀　山﨑あゆみ　杉田彰子

Productive Group
Staff　藤田浩芳　千葉正幸　林秀樹　三谷祐一　石橋和佳　大山聡子
大竹朝子　堀部直人　井上慎平　木下智尋　伍佳妮　賴奕璇

Proofreader　文字工房燦光

Printing　大日本印刷株式会社

ISBN978-4-7993-1817-1